Christa Ungerer Mazza

ALEMÁN
GRAMÁTICA FÁCIL

De Vecchi
DVE Ediciones

Subsidiary company of Confidential Concepts Inc, USA
ISBN: 978-1-63919-245-8

INTRODUCCIÓN

Actualmente, unos 100 millones de personas se expresan en alemán. Con la unificación de los dos Alemanias, el alemán se ha convertido en la lengua más hablada en el interior de la Unión Europea y se une al inglés y al francés como las lenguas de trabajo de la comunidad.
La gramática alemana que se presenta a continuación quiere ser un compendio simplificado de las principales reglas de esta lengua, con la traducción de todos los ejemplos empleados con el fin de que sea clara, esquemática y accesible para todos los niveles de estudio.

El alemán tiene notables afinidades con el latín y con el griego, tanto desde el punto de vista léxico como morfológico y sintáctico. Tales afinidades se ven en las declinaciones de los nombres, en el género neutro, en las palabras compuestas e incluso en la estructura de las oraciones (sintaxis). La formación de las palabras compuestas probablemente procede del griego antiguo. La comparación no sólo con las lenguas clásicas, sino también con las modernas puede ser muy útil.
Quien sepa inglés, aunque sólo sea un poco, sin duda advertirá el parecido de muchísimas palabras, aunque también la mayor precisión que distingue al alemán. Aunque la pronunciación sigue reglas muy precisas, no varía mucho de la del inglés, salvo unas pocas excepciones.

Como consecuencia, podemos aprender la pronunciación y los fundamentos de la lengua en su conjunto por nuestra cuenta.
Los niños lo aprenden todo y sin dificultad; los adultos, en cambio, necesitan ciertos trucos para aprender una lengua. Cada uno encontrará su propio sistema para aprender esta lengua tan diferente al español y, aunque no le será posible hablarla correctamente en un breve periodo de tiempo, aplicándose con empeño

sabrá hablarla, y también conseguirá leer y comprender cualquier texto fácil. Para que la gramática sea menos pesada y aburrida, hemos introducido muchos ejemplos con la traducción en español, que ilustran las reglas y facilitan su aplicación. Estos ejemplos también serán útiles como instrumentos para refrescar la memoria, preparar un examen o dar una rápida ojeada a determinados aspectos de la lengua.

Consultar el breve glosario gramatical, que se encuentra en la sección «Apéndices», también es una ayuda en cuanto a los términos empleados.

Un último estímulo para aproximarse y profundizar en el estudio del alemán puede provenir de la constatación de que grandes personajes, científicos, músicos, filósofos y poetas, emplean esta lengua, que se adapta perfectamente para expresar los precisos pensamientos científicos y filosóficos, con sus delicadas sensaciones o expresiones líricas.

PARTE I

UNIDAD 1
ALGUNAS INDICACIONES SOBRE LA PRONUNCIACIÓN

A continuación, indicamos la pronunciación de aquellas letras y combinaciones que en alemán tienen un sonido diferente al del español.

CONSONANTES

b a final de palabra y delante de **s** y **t** se pronuncia como una «p» (**Kalb** = ternero; **bleibt** = quedasteis).

c prácticamente sólo existe en palabras de origen extranjero: delante de **i**, **e**, **y**, **ä** se pronuncia como «tz» **(Cicero, Cäsar)**; en los otros casos se pronuncia como la «k» española **(café)**.

ch delante de **a**, **o**, **u**, **au**, **e**, **i** tiene un sonido fuerte como la «k» (**Charakter** = carácter; **Chor** = coro, **Christus** = Cristo, **Chemie** = química, **Chinese** = chino);
detrás de **a**, **o**, **u**, **au** es gutural, como la «j» española (**Krach** = rumor; **Loch** = agujero; **Buch** = libro; **Bauch** = vientre);
detrás de **i**, **e**, **ä**, **ö**, **ü**, **eu**, **äu** tiene un sonido gutural más suave (**ich** = yo, **Blech** = lata; **krächzen** = croar; **möchten** = querer; **leuchten** = brillar; **räuchern** = ahumar).

d a final de palabra y delante de **s** y **t** se pronuncia como «t» (**und** = y; **Stadt** = ciudad; **Geld** = dinero).

g se pronuncia siempre como la «g» española. En la terminación **-ig** tiene un sonido más suave, parecido al de **-ich** (**König** = rey; **drollig** = cómico).

h es aspirada a principio de palabra (**Haus** = casa; **Hahn** = gallo), pero muda en mitad y final de palabra, donde sólo sirve para alargar el sonido de la vocal o del diptongo precedente (**gehen** = ir; **stehen** = estar de pie). También sirve para diferenciar las palabras homófonas como **war** (era) - **wahr** (verdadero) o **Mal** (vez) - **Mahl** (comida).

q suena como «kv» y no como en español «ku» (**Quote** = cuota; **Qualität** = cualidad).

r tiene una pronunciación gutural. A final de palabra se pronuncia muy suave (**Leber** = hígado; **Leder** = cuero).

s delante de vocal y detrás de **n** se pronuncia como una «s» sonora (**Sonne** = sol; **Gänse** = oca);
en la combinación **sp** y **st**, el sonido se asemeja a la pronunciación italiana «sc» de «sci» (**Spiel** = juego; **stehen** = estar de pie).

ß se corresponde con dos «s». La última reforma ortográfica alemana del 1.º de julio de 1996 ha eliminado la **ß** en las palabras con vocales breves como: **Fluss** (río), **Kuss** (beso), **dass** (que – conjunción), pero la conserva en las palabras con vocales largas: **Gruß** (saludo), **Fuß** (pie), **aß** (comía).

t en las palabras que proceden del latín se pronuncia «ts» (**Nation** = nación; **Fraktion** = fracción).

v se pronuncia como la «f» española (**Vater** = padre; **vergessen** = olvidar);
se pronuncia como la «v» italiana en las palabras de origen extranjero (**Vase** = vaso; **Vene** = vena).

w se pronuncia como la «v» (**Wetter** = tempo).

x es la combinación de dos sonidos «k + s» (**Hexe** = bruja), como en inglés, italiano, etc.

y este sonido se encuentra en medio de **ü** e **i** (**Zylinder** = cilindro; **Psyche** = psique).

z como en español «ts» (**Zar** = zar; **ziehen** = tirar).

ng forma un único sonido ligeramente nasal; apenas se pronuncia la «g» (**singen** = cantar; **bringen** = llevar; **Gang** = modo de andar).

gn las dos letras se pronuncian de forma separada (**regnen** = llover; **Entgegnung** = respuesta).

pf se pronuncia como dos letras labiales «p + f»; en las regiones septentrionales de Alemania la pronunciación tiende sólo a una «f».

ph suena como una «f» (**Philosophie** = filosofía). Tras la reforma ortográfica del 1.º de julio de 1996 se tiende a sustituir la **ph** por una **f** (**fotografieren** = fotografiar; **Telefon** = teléfono).

sch se pronuncia como la «ch» francesa (**Schaden** = daño).

tsch es una combinación que se pronuncia como la «c» de *cena* en italiano (**Deutsch** = alemán; **rutschen** = deslizar).

tz se pronuncia como «ts» (**sich setzen** = sentarse; **Satz** = frase).

VOCALES

Las vocales **a**, **o**, **u** en algunos casos modifican su pronunciación, lo que indica un cambio en el sonido. Dicha modificación viene gráficamente indicada con la diéresis **(Umlaut)**: **ä**, **ö**, **ü** (**Bär** = oso; **Knödel** = ñoqui; **müssen** = deber). De forma indicativa, los sonidos se corresponden respectivamente con:
ä = e abierta (**Käse** = queso; **Läden** = negocio);
ö = œ (como el diptongo francés de *fleur*; **schön** = bello);
ü = u (se pronuncia como la «u» francesa de *déjà vu*; **müde** = cansado).

Alguna vez, en los nombres propios se emplea una indicación gráfica diferente de la diéresis para el mismo sonido:
ä = **ae**
ö = **oe (Goethe)**
ü = **ue**

Se recurre a esta transcripción del sonido cuando no es posible, por motivos técnicos, escribir la diéresis, por ejemplo con las viejas másquinas de escribir. Ejemplo: **Übung** = **UEBUNG** (ejercicio).

DIPTONGOS

äu se pronuncia como «oi» con la «o» abierta (**Bäume** = árboles).

ie se pronucia como una «i» en las sílabas tónicas (**wieder** = otra vez, nuevamente; **die Liebe** = el amor);
se pronuncia «ie», tal y como se escribe, en las sílabas átonas (**Famili-e** = familia; **Itali-en** = Italia).

ei se pronuncia «ai» (**Kleid** = vestido; **Ei** = huevo).

eu se pronuncia «oi» (**Leute** = gente; **Freude** = alegría).

LAS LETRAS DOBLES EN ALEMÁN

La duplicación de las vocales sirve para alargar los sonidos de estas, como en **Staat** (estado), **leer** (vacío), **Meer** (mar); mientras que la duplicación de las consonantes abrevia el sonido de las vocales precedentes: **alle** (todos), **schnell** (rápido), **Hölle** (infierno).
Al respecto, la vocal **a** larga de **Staat** (estado) sirve para distinguir esta palabra de **Stadt** (ciudad), donde la **a** se pronuncia breve.
La pronunciación de las consonantes dobles es casi inexistente. La duplicación sólo tiene sentido para abreviar la vocal precedente (**kommen** = venir; **retten** = salvar).

SÍLABAS TÓNICAS

Contrariamente al español y a otras lenguas, el acento tónico cae siempre sobre la primera sílaba de la raíz. El acento no se mueve, tal y como sucede en otras lenguas. A continuación, indicamos algunas palabras a las que hemos añadido, para que se vea claramente, la representación gráfica de una sílaba tónica: **wòhnen** (vivir), **Wòhnung** (habitación), **Wòhnhaus** (vivienda), **wòhnlich** (cómodo), **Wòhnungsbau** (construcción habitada).

UNIDAD 2
OTRAS REGLAS DE ESCRITURA

LAS MAYÚSCULAS

Todos los nombres, también los comunes, al igual que los adjetivos y los verbos sustantivados, se escriben en alemán con mayúscula inicial: **der Mann** = el hombre, **die Frau** = la mujer, **das Kind** = el niño, **die Freude** = la alegría, **der Schmerz** = el dolor, **das Schöne** = lo bello, **der Letzte** = el último.

DIVISIÓN SILÁBICA DE PALABRAS

En general, la división silábica es parecida al español, aunque con ciertas consideraciones. En las palabras compuestas, naturalmente hay que tener presente la composición: **auf-wachen** *(despertarse)*. Una consonante simple que sigue a una vocal, forma parte de la sílaba siguiente: **le-sen** *(leer)*. Las combinacones **ch**, **sch**, **ph**, **th** y **tsch** son inseparables y forman sílaba con la vocal siguiente: **wa-schen** *(lavar)*. La regla que permitía la división de la combinación **st** fue abolida con la reforma ortográfica de 1996. La división del grupo **ck** a final de línea en «k» que implicaba otra «k» a principio de la línea siguiente también ha sido eliminada.

EL SUSTANTIVO Y EL ARTÍCULO

EL GÉNERO DEL SUSTANTIVO

El sustantivo alemán tiene **tres géneros**. Además de los sustantivos **masculinos** y **femeninos**, existe el género **neutro**.
El género de los sustantivos difiere bastante de la lógica y de la cultura española; por ejemplo, en alemán se dice **die Sonne** (fem.) *(el sol)*, **der Mond** (masc.) *(la luna)*, **die Liebe** (fem.) (*el amor)*, **das Mädchen** (neutro) *(la muchacha)*.

En algunos casos, el género se corresponde en las dos lenguas, como en los siguientes términos: **der Himmel** *(el cielo)*, **die Erde** *(la tierra)*, **der Vater** *(el padre)*, **die Mutter** *(la madre)*, **die Güte** *(la bondad)*, **die Freundschaft** *(la amistad)*.

En las palabras compuestas, el género viene dado por la última palabra, como por ejemplo:

das Haus (*la casa*, neutro) + **die Frau** (*la mujer*, fem.) = **die Hausfrau** (*el ama de casa*, fem.);

das Haus (*la casa*, neutro) + **die Tür** (*la puerta*, fem.) = **die Haustür** (*la puerta de entrada*, fem.);

der Tisch (*la mesa*, masc.) + **das Tuch** (*el paño*, neutro) = **das Tischtuch** (*el mantel*, neutro).

A diferencia del español, donde la desinencia de las palabras establece el género *(muchach**o**, muchach**a**)*, en alemán, la única forma de conocer el género es el propio artículo:

	Masculino	**Femenino**	**Neutro**
Singular	**der** *(el, lo)*	**die** *(la)*	**das** *(el, la, lo)*
Plural	**die** *(los)* - es igual para los tres géneros		

Las desinencias de los artículos indican el género (masculino, femenino, neutro), el número (singular, plural) y el caso (nominativo, genitivo, dativo, acusativo). En casi todos los casos, el sustantivo masculino y neutro limita su flexión a una «**s**» en el genitivo singular de los sustantivos neutros y en gran parte de los masculinos, y una «**n**» en el dativo plural de todos los nombres.

Los casos del alemán son: nominativo, genitivo, dativo y acusativo.
El **nominativo** responde a la pregunta **Wer?** *(¿quién?)* o **Was?** *(¿qué cosa?)*. Se corresponde con el sujeto de la oración.

Wer kommt?	*¿Quién viene?*
Der Lehrer kommt.	*Viene el profesor.* (El sujeto es «der Lehrer»)

El **genitivo** se corresponde con el complemento del nombre, y responde a la pregunta **Wessen?** *(¿de quién?)*.

Wessen Haus ist das?	*¿De quién es esta casa?*
Das Haus des Lehrers ist weiß.	*La casa del profesor es blanca.*

El **dativo** indica la persona o cosa en la que se cumple o termina la acción del verbo, y responde a la pregunta **Wem?** *(¿a quién?)*.

Wem gibst du die Zeitung?	*¿A quién diste el periódico?*
Ich gebe sie meinem Vater.	*Se lo dí a mi padre.* («Meinem Vater» es el dativo)

El **acusativo** indica el complemento directo y responde a la pregunta **Wen?** *(¿qué?)*.

Was habst du?	*¿Qué tienes?*
Ich habe ein Auto.	*Tengo un coche.* («Ein Auto» es el c. directo)
Was machst du?	*¿Qué haces?*
Ich lese ein Buch.	*Leo un libro.* («Ein Buch» es el c. directo)

LA DECLINACIÓN DEL ARTÍCULO

SINGULAR

	Masculino	Femenino	Neutro
Nominativo	**der** *(el, lo)*	**die** *(la)*	**das** *(el, lo, la)*
Genitivo	**des** *(del, de lo)*	**der** *(de la)*	**des** *(de lo, de la)*
Dativo	**dem** *(al)*	**der** *(a la)*	**dem** *(a lo, al, a la)*
Acusativo	**den** *(el, lo)*	**die** *(la)*	**das** *(el, lo, la)*

PLURAL

	Masculino	Femenino	Neutro
Nominativo	**die** *(los)*	**die** *(las)*	**die** *(los, las)*
Genitivo	**der** *(de los)*	**der** *(de las)*	**der** *(de los, de las)*
Dativo	**den** *(a los)*	**den** *(a las)*	**den** *(a los, a las)*
Acusativo	**die** *(los)*	**die** *(las)*	**die** *(los, las)*

Además, el artículo es importante para diferenciar el significado de las palabras:

der See = el lago
der Band = el tomo
der Leiter = el jefe/director

die See = el mar
das Band = la cinta
die Leiter = la escalera

Las desinencias distintivas de caso, género y número que aparecen en el artículo determinado **(der, die, das)**, también están presentes en los indeterminados **(ein, eine, ein)**, a excepción del nominativo, que en la forma masculina y neutra carece de desinencia distintiva.

SINGULAR

	Masculino	**Femenino**	**Neutro**
Nominativo	ein	eine	ein
Genitivo	eines	einer	eines
Dativo	einem	einer	einem
Acusativo	einen	eine	ein

ATENCIÓN:
No hay plural.

El alemán tiene, además, un artículo negativo que realiza la misma función que la negación y adopta las desinencias de caso, género y número del nombre al que acompaña. El artículo negativo del que estamos hablando se obtiene anteponiendo la letra **k** al artículo indeterminado: **kein**. El artículo negativo sí que tiene plural.

SINGULAR

	Masculino	**Femenino**	**Neutro**
Nominativo	kein	keine	kein
Genitivo	keines	keiner	keines
Dativo	keinem	keiner	keinem
Acusativo	keinen	keine	kein

El plural es igual para los tres géneros:

PLURAL

	Masculino	**Femenino**	**Neutro**
Nominativo	keine	keine	keine
Genitivo	keiner	keiner	keiner
Dativo	keinen	keinen	keinen
Acusativo	keine	keine	keine

Ich habe heute leider keine Zeit.	*Hoy no tengo tiempo.*
In dieser Stadt gibt es keine U-Bahn.	*En esta ciudad no hay tren.*
Bei dem Vortrag habe ich keine Studenten gesehen.	*No he visto estudiantes en la conferencia.*

ALGUNAS PARTICULARIDADES DE LOS ARTÍCULOS

Se omite el artículo en los siguientes casos:

— con nombres de persona o de ciudad;

Martin ist mein Lieblingsbruder.	*Martín es mi hermano preferido.*
Wir reisen nach Moskau.	*Viajamos hacia Moscú.*

— con líquidos y con nombres abstractos;

Wein gibt gutes Blut.	*El vino es bueno para la sangre.*
Er kämpft für Gerechtigkeit und Frieden.	*Él lucha por la justicia y por la paz.*

— con las profesiones, nacionalidades, religiones y cargos públicos;

Er ist Rechtsanwalt.	*Él es abogado.*
Sie ist Deutsche.	*Ella es alemana.*
Sie ist Katholikin.	*Ella es católica.*
Er ist Verwaltungsrat.	*Él es consejero.*

— en determinadas expresiones;

Stellung nehmen.	*Tomar posición.*

— en la publicidad y en los titulares de los periódicos;

Seife ist zum Waschen.	*El jabón sirve para lavar.*
Börse steigend.	*La bolsa sube.*

— con los nombres de países o Estados.

England hatte ein großes Kolonialreich.	*Inglaterra tuvo un gran imperio colonial.*
Griechenland ist mein liebstes Reiseland.	*Grecia es mi destino turístico preferido.*

EXCEPCIONES:

Los nombres de los países que terminan en **-ei:**
die Türkei *(Turquía)*, **die Slowakei** *(Eslovaquia)*.
Los nombres plurales de países:
die USA (die Vereinigten Staaten) *(los Estados Unidos)*, die Niederlande *(los Países Bajos)*.
Otras excepciones son:
die Schweiz *(Suiza)*, **der Libano** *(Líbano)*, **der Irak** *(Irak)*, **die Bundesrepublik Deutschland** *(la República Federal Alemana)*.
En el caso de un nombre geográfico unido a un adjetivo, como por ejemplo **das mittelalterliche Nürnberg** *(Nuremberg medieval)*.

El artículo se añade al nombre de la región, montaña, río y mar: **der Schwarzwald** *(el Bosque Negro)*, **der Monte Rosa** *(el Monte Rosa)*, **die Donau** *(el Danubio)*, **der Rhein** *(el Rin)*, **der Atlantik** *(el Atlántico)*, **das Schwarze Meer** *(el mar Negro)*.

ATENCIÓN:

No existe el **artículo partitivo.**

Wollt ihr Wein oder Bier?	*¿Queréis vino o cerveza?*

DECLINACIÓN DEL SUSTANTIVO

Se declinan los sustantivos, los artículos, los adjetivos y los pronombres:

SINGULAR

	Masculino	Femenino	Neutro
Nominativo	**der Mann** *(el hombre)*	**die Frau** *(la mujer)*	**das Kind** *(el niño)*
Genitivo	**des Mannes** *(del hombre)*	**der Frau** *(de la mujer)*	**des Kindes** *(del niño)*
Dativo	**dem Mann** *(al hombre)*	**der Frau** *(a la mujer)*	**dem Kind** *(al niño)*
Acusativo	**den Mann** *(el hombre)*	**die Frau** *(la mujer)*	**das Kind** *(el niño)*

PLURAL

	Masculino	**Femenino**	**Neutro**
Nominativo	**die Männer** *(los hombres)*	**die Frauen** *(las mujeres)*	**die Kinder** *(los niños)*
Genitivo	**der Männer** *(de los hombres)*	**der Frauen** *(de las mujeres)*	**der Kinder** *(de los niños)*
Dativo	**den Männern** *(a los hombres)*	**den Frauen** *(a las mujeres)*	**den Kindern** *(a los niños)*
Acusativo	**die Männer** *(los hombres)*	**die Frauen** *(las mujeres)*	**die Kinder** *(los niños)*

En alemán, la declinación de los sustantivos se clasifica en **tres modalidades**: **débil**, **fuerte** y **mixta**, que se diferencian en el singular y en el plural, tal y como veremos a continuación.

En algunos casos, es útil comparar con otros sustantivos para el plural.

DECLINACIÓN DÉBIL

Tomamos como ejemplo para esta declinación **der Deutsche** *(el alemán)*.

	Singular	**Plural**
Nominativo	der Deutsche	die Deutschen
Genitivo	des Deutschen	der Deutschen
Dativo	dem Deutschen	den Deutschen
Acusativo	den Deutschen	die Deutschen

Pertenecen a esta declinación algunos nombres masculinos, como **der Knabe** *(el muchacho)*, **der Gatte** *(el marido)*, **der Mensch** *(el ser humano)*, **der Herr** *(el señor)*, y casi todos los nombres femeninos, como **die Gabel** *(el tenedor)*, **die Rose** *(la rosa)*, **die Frau** *(la mujer, la señora)*.

DECLINACIÓN FUERTE

Estos nombres añaden al singular la terminación **-s** en el genitivo. En el plural se distinguen **tres modalidades**.
Tomamos como ejemplo la declinación de **der Apfel** *(la manzana)*.

I CLASE DE SUSTANTIVOS FUERTES

	Singular	Plural
Nominativo	der Apfel	die Äpfel
Genitivo	des Apfels	der Äpfel
Dativo	dem Apfel	den Äpfeln
Acusativo	den Apfel	die Äpfel

Se trata de sustantivos masculinos que suavizan la vocal de la raíz con la diéresis **(Umlaut)**, y neutros que no la modifican. Todos añaden una **-n** en el dativo plural, como se indica en el ejemplo anterior **(den Äpfeln)**.
Pertenecen a este grupo los sustantivos masculinos, como **der Laden** - **die Läden** *(el negocio - los negocios)*, **der Garten** - **die Gärten** *(el jardín - los jardines)*, **der Vater** - **die Väter** *(el padre - los padres)*, y los neutros como **das Wasser** *(el agua)*. Los neutros no modifican en el plural la vocal de la raíz.

Los sustantivos neutros acabados en **-chen** y **-lein** son diminutivos formados con un sustantivo + un sufijo. En estos casos, la vocal de la raíz se suaviza: **das Haus** *(la casa)* - **das Häuschen** *(la casita)*, **das Buch** *(el libro)* - **das Büchlein** *(el librito)*, etc.

II CLASE DE SUSTANTIVOS FUERTES

SINGULAR

	Masculino	Femenino	Neutro
Nominativo	der Sohn *(el hijo)*	die Nacht *(la noche)*	das Meer *(el mar)*
Genitivo	des Sohnes	der Nacht	des Meeres
Dativo	dem Sohn	der Nacht	dem Meer
Acusativo	den Sohn	die Nacht	das Meer

PLURAL

	Masculino	Femenino	Neutro
Nominativo	die Söhne	die Nächte	die Meere
Genitivo	der Söhne	der Nächte	der Meere
Dativo	den Söhnen	den Nächten	den Meeren
Acusativo	die Söhne	die Nächte	die Meere

Otros ejemplos de sustantivos **masculinos** son: **der Kopf** - **die Köpfe** *(la cabeza - las cabezas)*, **der Betrag** - **die Beträge** *(el importe - los importes)*, **der Vertrag** - **die Verträge** *(el contrato - los contratos)*.

Otros ejemplos de sustantivos **femeninos** son: **die Faust** - **die Fäuste** *(el puño - los puños)*, **die Frucht** - **die Früchte** *(el fruto - los frutos)*, **die Hand** - **die Hände** *(la mano - las manos)*, **die Stadt** - **die Städte** *(la ciudad - las ciudades)*, **die Wurst** - **die Würste** *(la salchicha, las salchichas)*.

Otros ejemplos de sustantivos **neutros** son: **das Gesetz** - **die Gesetze** *(la ley - las leyes)*, **das Heer** - **die Heere** *(el ejército - los ejércitos)*.

III CLASE DE SUSTANTIVOS FUERTES

	Singular	**Plural**
Nominativo	das Haus *(la casa)*	die Häuser *(las casas)*
Genitivo	des Hauses	der Häuser
Dativo	dem Haus	den Häusern
Acusativo	das Haus	die Häuser

Otros ejemplos de sustantivos **neutros que se suavizan** en el plural son: **das Bad** - **die Bäder** *(el baño - los baños)*, **das Buch** - **die Bücher** *(el libro - los libros)*, **das Glas** - **die Gläser** *(el vidrio - los vidrios)*, **das Wort** *(la palabra, el vocablo)* - **die Worte** *(las palabras)* pero **die Wörter** *(los vocablos)*.

Otros ejemplos de sustantivos **neutros que no suavizan** la vocal en el plural son: **das Bild** - **die Bilder** *(el cuadro - los cuadros)*, **das Ei** - **die Eier** *(el huevo - los huevos)*, **das Kind** - **die Kinder** *(el niño - los niños)*, **das Kleid** - **die Kleider** *(el vestido - los vestidos)*, **das Weib** - **die Weiber** (*la mujer/la hembra - las mujeres/las hembras)*: antiguamente, la mujer no era reconocida jurídicamente, por lo que el género neutro era para el «mobiliario».

Algunos ejemplos de nombres **masculinos** que siguen la declinación fuerte son: **der Mann** - **die Männer** *(el hombre - los hombres)*, **der Geist** - **die Geister** *(el espíritu - los espíritus)*, **der Winter** - **die Winter** *(el invierno - los inviernos)*.

DECLINACIÓN MIXTA

Los sustantivos pertenecientes a esta declinación siguen el **singular de la declinación fuerte** (es decir, la **-s** en el **genitivo** y la **-e** en el **dativo**), y el **plural de la declinación débil** (todos los casos en **-en**).

ATENCIÓN:

Los sustantivos femeninos no pertenecen a esta declinación. Pertenecen a esta declinación un número limitado de sustantivos masculinos y neutros.

	Singular		Plural
Nominativo	**Genitivo**	**Dativo**	**Todos los casos**
das Auge *(el ojo)*	des Auge**s**	dem Aug**e**	die Aug**en**
der Bauer *(el campesino)*	des Bauer**s**	dem Bauer	die Bauer**n**
das Bett *(la cama)*	des Bett**es**	dem Bett	die Bett**en**
der Dorn *(la espina)*	des Dorn**s**	dem Dorn	die Dorn**en**
das Ende *(el fin)*	des End**es**	dem End**e**	die End**en**
das Hemd *(la camisa)*	des Hemd**es**	dem Hemd **(e)**	die Hemd**en**
das Leid *(el dolor)*	des Leid(e)**s**	dem Leid**(e)**	die Leid**en**
der Muskel *(el músculo)*	des Muskel**s**	dem Muskel	die Musk**eln**
der Nerv *(el nervio)*	des Nerv**s**	dem Nerv	die Nerv**en**
das Ohr *(la oreja)*	des Ohr(e)**s**	dem Ohr	die Ohr**en**
der Schmerz *(el dolor)*	des Schmerz**es**	dem Schmerz	die Schmerz**en**
der See *(el lago)*	des See**s**	dem See	die See**n**
der Staat *(el estado)*	des Staat(e)**s**	dem Staat	die Staat**en**
der Untertan *(el súbdito)*	des Untertan**s**	dem Untertan	die Untertan**en**
der Vetter *(el primo)*	des Vetter**s**	dem Vetter	die Vetter**n**
der Zins *(el impuesto)*	des Zinses	dem Zins	die Zins**en**

Estos sustantivos tienen esta declinación:

	Singular	**Plural**
Nominativo	das Auge *(el ojo)*	die Augen *(los ojos)*
Genitivo	des Auges	der Augen
Dativo	dem Auge	den Augen
Acusativo	das Auge	die Augen

La declinación de **das Herz** *(el corazón)* es irregular:

	Singular	**Plural**
Nominativo	das Herz *(el corazón)*	die Herzen *(los corazones)*
Genitivo	des Herz**ens**	der Herzen
Dativo	dem Herz**en**	den Herzen
Acusativo	das Herz	die Herzen

REGLAS DE ORIENTACIÓN

A continuación, indicamos algunas reglas de carácter orientativo para conocer el género de los sustantivos.

Son **masculinos**:
— una persona de sexo masculino, como **der Lehrer** *(el profesor)*, **der Bauer** *(el campesino)*;
— los vientos, como **der Mistral** *(el mistral)*;
— los peces (no siempre masculinos), **der Hai** *(el tiburón)*;
— los pájaros (no siempre), **der Rabe** *(el cuervo)*;
— los sustantivos con el sufijo **-ing**, **der Frühling** *(la primavera)*, con el sufijo **-er**, **der Käufer** *(el comprador)*, **der Arbeiter** *(el trabajador)*, y también con el sufijo **-el**, **der Schlüssel** *(la llave)*;
— los automóviles, los trenes, las montañas, los minerales, las bebidas alcohólicas: **der Mercedes**, **der Eurostar**, **der Ätna** *(el Etna)*, **der Granit** *(el granito)*, **der Wein** *(el vino)*. Excepción: **das Bier** *(la cerveza)*;
— los días de la semana, los meses, las estaciones, los fenómenos meteorológicos, nombres derivados de verbos: **der Montag** *(el lunes)*, **der April** *(abril)*, **der Sommer** *(el verano)*, **der Hagel** *(el granizo)*, **der Flug** (*el vuelo* - da **fliegen** = *volar*), **der Schlaf** (*el sueño* - da **schlafen** = *dormir*);
— los sustantivos que terminan en **-är/-eur/-ör**, **-ist**, **-us**, **-or**, **-tor**, **-ismus**, **-e**: **der Revolutionär** *(el revolucionario)*, **der Friseur/Frisör** *(el peluquero)*, **der Polizist** *(el policía)*, **der Autobus** *(el autobús)*, **der Humor** *(el humor)*, **der Direktor** *(el director)*, **der Mechanismus** *(el mecanismo)*, **der Däne** *(el danés)*.

Son **femeninos**:
— personas de sexo femenino: **die Frau** *(la mujer)*;
— casi todos los nombres abstractos: **die Überlegung** *(la reflexión)*;
— nombres de persona o sustantivos que terminan en **-a**, **-e**, **-ei**: **Maria**, **die Sprache** *(la lengua)*, **die Färberei** *(la tintorería)*;
— los sustantivos terminados en **-heit** o **-keit**: **die Menschheit** *(la humanidad)*, **die Sauberkeit** *(la limpieza)*;
— las palabras que terminan en **-schaft**: **die Wirtschaft** *(la economía)*;
— las palabras que terminan en **-ung**: **die Ordnung** *(el orden)*;
— los sustantivos con el sufijo **-in**: **die Lehrerin** *(la profesora, la maestra)*, **die Italienerin** *(la italiana)*;
— los sustantivos con el sufijo **-anz/-enz**: **die Distanz** *(la distancia)*, **die Differenz** *(la diferencia)*;
— los sustantivos con el sufijo **-tät**: **die Nationalität** *(la nacionalidad)*, **die Universität** *(la universidad)*;
— los sustantivos con el sufijo **-ion**: **die Aktion** *(la acción)*, **die Diskussion** *(la discusión)*;

— los sustantivos con el sufijo **-ik**: **die Musik** *(la música);*
— los sustantivos con el sufijo **-ur**: **die Kultur** *(la cultura)*;
— los sustantivos con el sufijo **-ie**: **die Theorie** *(la teoría)*;
— los sustantivos que terminan en **-t**: **die Furcht** *(el miedo);*
— los números: **die Eins** *(el uno)*, **die Drei** *(el tres)*;
— ríos (no siempre), barcos, aviones y motocicletas: **die Donau** *(el Danubio)*, **die Titanic** *(el Titanic)*, **die Boing** *(el Boing)*;
— flores y árboles (normalmente): **die Rose** *(la rosa)*, **die Primel** *(la prímula)*, **die Tanne** *(el abeto)*, **die Buche** *(el haya)*.

Son **neutros**:
— **das Kind** *(el niño)*, **das Mädchen** *(la muchacha)*, **das Fräulein** *(la señorita)*, **das Fohlen** *(el potro)*;
— partes del mundo, nombres de países, villas, metales y ciudades: **das schöne Italien** *(la bella Italia)*, **das Gold** *(el oro)*;
— las palabras con el prefijo **ge-**: **das Gehalt** *(el sueldo)*;
— los nombres con el diminutivo **-chen** o **-lein**: **das Häuschen** *(la casita)*, **das Büchlein** *(el librito)*;
— los sustantivos con el sufijo **-tum**: **das Christentum** *(el cristianismo)*, **das Heldentum** *(el heroísmo)*;
— palabras que terminan en **-ett**, **-ment**, **-um**: **das Jackett** *(la chaqueta)*, **das Monument** *(el monumento)*, **das Zentrum** *(el centro)*, **das Museum** *(el museo)*. Excepciones: **der Reichtum** *(la riqueza)*, **der Irrtum** *(el error)*;
— sustantivos que terminan en **-o**, **-eau**: **das Kino** *(el cine)*, **das Niveau** *(el nivel)*;
— nombres derivados de infinitivos: **das Essen** *(la comida)*, **das Lesen** *(la lectura)*;
— nombres derivados de adjetivos: **das Gute** *(el bien);*
— nombres de lenguas: **das Französische** *(el francés)*;
— letras y notas musicales: **das hohe C** *(el do de pecho)*;
— sustantivos que terminan en **-nis** o **-sal**: **das Ereignis** *(el evento)*, **das Schicksal** *(el destino)*.

ATENCIÓN:
Los sustantivos que terminan en **-nis** o **-sal** también pueden ser **femeninos**.

Las palabras alemanas de origen extranjero normalmente conservan el género de la lengua original. Las palabras que derivan del italiano o del latín son, por el contrario, de origen francés y conservan la grafía francesa: **feminin** *(femminile, femmineo)*, **Kommuniqué** *(comunicato)*, **Kommunismus** *(comunismo)*.

LAS PALABRAS COMPUESTAS

Una característica especial del alemán es la posibilidad de reunir en un único vocablo dos o más palabras. Ello confiere a la lengua una adaptabilidad y una dinamización creativa que ninguna otra lengua europea posee en la actualidad (quizás se encontrara en el griego clásico). Las palabras se crean según las necesidades del momento. Las palabras compuestas son muy cómodas para la terminología técnica, donde los términos alemanes son siempre muy detallistas y precisos. Sólo el italiano moderno ha empezado a acuñar palabras compuestas como *autostrade* **(Autobahn)**, *telegiornale* **(Fernsehnachrichten)**, *radiotrasmissione* **(Radiosendung)**.

En las palabras compuestas, el género del último término, elemento base, establece el género del sustantivo: **das Haus** *(la casa)*, **die Tür** *(la puerta)*, **die Haustür** *(la puerta de casa)*; **das Auto** *(el automóvil)*, **der Schlüssel** *(la llave)*, **der Autoschlüssel** *(la llave del automóvil)*. Los términos específicos que preceden al término base pueden ser cualquier tipo de palabra: sustantivo, adjetivo, verbo, pronombre, adverbio, preposición.

Con frecuencia, se añade una **s** entre los dos términos. Esta **s** tiene una función eufónica:

— **die Eingangstür** *(la puerta de entrada)*;

— **der Lebenslauf** *(el currículum vítae)*, término compuesto de **Leben** *(vida)* y **der Lauf** *(carrera)*.

Cuando una frase está formada por dos o más palabras compuestas que contienen el mismo término base, este último se pone una única vez y en el último puesto.

Bahn- und Straßenbahnkarten können am Schalter gekauft werden.
Bahnkarten und Straßenbahnkarten können am Schalter gekauft werden.
Los billetes de tren y de tranvía pueden adquirirse en la ventanilla.

En la práctica, a veces se repite **Karten** *(billete)*, término base que acompaña a **Bahn** *(tren)* y **Straßenbahn** *(tranvía)*. Para indicar que **Bahn** está unido a **Karten** se añade un guión despues de **Bahn-**, que indica que la palabra está incompleta y que debe unirse al término base de la siguiente palabra **(Karten)**.

También pueden combinarse sustantivos, verbos y adjetivos: **wunderschön** *(bellísimo, magnífico)*, **schneeweiß** *(blanco como la nieve)*, **stillstehen** *(estar quieto)*.

PARTE II

UNIDAD 3
ADJETIVOS, PRONOMBRES Y ADVERBIOS

En alemán, los adjetivos pueden ser atributivos o predicativos, al igual que en castellano; pero a diferencia de nuestro idioma, en alemán el adjetivo predicativo no concuerda con el nombre al cual se refiere, sino que es invariable.

Das Haus ist schön.	*La casa es bella* (adjetivo con función predicativa).
Das schöne Haus.	*La bella casa* (adjetivo con función atributiva).

SINGULAR

Masculino	**Der Mann ist gut.**	*El hombre es bueno.*
Femenino	**Die Frau ist gut.**	*La mujer es buena.*
Neutro	**Das Kind ist gut.**	*El niño es bueno.*

PLURAL

Masculino	**Die Männer sind gut.**	*Los hombres son buenos.*
Femenino	**Die Frauen sind gut.**	*Las mujeres son buenas.*
Neutro	**Die Kinder sind gut.**	*Los niños son buenos.*

ATENCIÓN:

Como se puede deducir de los ejemplos, el adjetivo predicativo permanece invariable, es decir, no tiene ninguna desinencia de género ni número; además, la misma forma invariable del adjetivo sirve también de adverbio. En alemán, el adverbio no se distingue con un sufijo característico. Por tanto, desde el punto de vista morfológico, el adjetivo predicativo y el adverbio son idénticos.

Seine Aussprache ist gut.	*Su pronunciación es buena* (adjetivo predicativo).
Er spricht gut Deutsch.	*Él habla bien el alemán* (adverbio).

Respecto al adjetivo atributivo, conviene mencionar que en alemán tiene que ir necesariamente precediendo al nombre al que se refiere. El adjetivo atributivo, que en estos casos se encuentra entre el artículo y el sustantivo, debe declinarse y concordar en género, caso y número con el sustantivo.

Der große Garten.	*El gran jardín.*	**Die großen Städte.**	*Las grandes ciudades.*
Die großen Gärten.	*Los grandes jardines.*	**Das große Haus.**	*La gran casa.*
Die große Stadt.	*La gran ciudad.*	**Die großen Häuser.**	*Las grandes casas.*

Cuando el adjetivo está precedido del artículo determinativo, este asume una **desinencia neutra o formal** dado que el artículo ya especifica el género, el número y el caso del sustantivo. Por tanto, en vez de decir **der großer Mann** *(el gran hombre)*, que es erróneo, se debe decir **der große Mann** *(el gran hombre)*. En el caso de que haya más de un adjetivo, la declinación es: **der große, starke und freundliche Mann** *(el hombre grande, fuerte y gentil)*.

DECLINACIÓN DÉBIL DEL ADJETIVO

SINGULAR

	Masculino	Femenino	Neutro
Nominativo	**der gute Freund** *(el buen amigo)*	**die gute Freundin** *(la buena amiga)*	**das gute Kind** *(el buen niño)*
Genitivo	**des guten Freundes** *(del buen amigo)*	**der guten Freundin** *(de la buena amiga)*	**des guten Kindes** *(del buen niño)*
Dativo	**dem guten Freund** *(al buen amigo)*	**der guten Freundin** *(a la buena amiga)*	**dem guten Kind** *(al buen niño)*
Acusativo	**den guten Freund** *(el buen amigo)*	**die gute Freundin** *(la buena amiga)*	**das gute Kind** *(el buen niño)*

PLURAL

	Masculino	Femenino	Neutro
Nominativo	**die guten Freunde** *(los buenos amigos)*	**die guten Freundinnen** *(las buenas amigas)*	**die guten Kinder** *(los buenos niños)*
Genitivo	**der guten Freunde** *(de los buenos amigos)*	**der guten Freundinnen** *(de las buenas amigas)*	**der guten Kinder** *(de los buenos niños)*
Dativo	**den guten Freunden** *(a los buenos amigos)*	**den guten Freundinnen** *(a las buenas amigas)*	**den guten Kindern** *(a los buenos niños)*
Acusativo	**die guten Freunde** *(los buenos amigos)*	**die guten Freundinnen** *(las buenas amigas)*	**(die guten Kinder)** *(los buenos niños)*

Esta declinación se aplica cuando el adjetivo va acompañado del artículo determinado o cuando va precedido de un pronombre demostrativo *(esto, eso...)*, como en **dieser gute Freund** *(este buen amigo)*, de un pronombre indefinido (*cada*, *todo*, etc.), como en **jeder gute Freund** *(cada buen amigo)*, o de un pronombre interrogativo (*cuál*, etc.), como en **welcher gute Freund?** *(¿qué buen amigo?)*

DECLINACIÓN MIXTA DEL ADJETIVO

Cuando el adjetivo va precedido de un artículo indefinido (un, uno, etc.), como en **ein guter Freund** *(un buen amigo)*, de un pronombre posesivo (mío, tuyo, suyo, etc.), como en **mein guter Freund** *(mi buen amigo)*, o de la negación **kein**, como en **kein guter Freund** *(ningún buen amigo)*, se declina de la siguiente manera:

SINGULAR

	Masculino	Femenino	Neutro
Nominativo	**ein guter Freund** *(un buen amigo)*	**eine gute Freundin** *(una buena amiga)*	**ein gutes Kind** *(un buen niño)*
Genitivo	**eines guten Freundes** *(de un buen amigo)*	**einer guten Freundin** *(de una buena amiga)*	**eines guten Kindes** *(de un buen niño)*
Dativo	**einem guten Freund** *(a un buen amigo)*	**einer guten Freundin** *(a una buena amiga)*	**einem guten Kind** *(a un buen niño)*
Acusativo	**einen guten Freund** *(un buen amigo)*	**eine gute Freundin** *(una buena amiga)*	**ein gutes Kind** *(un buen niño)*

DECLINACIÓN FUERTE DEL ADJETIVO

SINGULAR

	Masculino	Femenino	Neutro
Nominativo	**guter Freund** *(buen amigo)*	**gute Freundin** *(buena amiga)*	**gutes Kind** *(buen niño)*
Genitivo	**guten Freundes** *(de buen amigo)*	**guter Freundin** *(de buena amiga)*	**guten Kindes** *(de buen niño)*
Dativo	**gutem Freund** *(a buen amigo)*	**guter Freundin** *(a buena amiga)*	**gutem Kind** *(a buen niño)*
Acusativo	**guten Freund** *(buen amigo)*	**gute Freundin** *(buena amiga)*	**gutes Kind** *(buen niño)*

PLURAL

	Masculino	Femenino	Neutro
Nominativo	**gute Freunde** *(buenos amigos)*	**gute Freundinnen** *(buenas amigas)*	**gute Kinder** *(buenos niños)*
Genitivo	**guter Freunde** *(de buenos amigos)*	**guter Freundinnen** *(de buenas amigas)*	**guter Kinder** *(de buenos niños)*
Dativo	**guten Freunden** *(a buenos amigos)*	**guten Freundinnen** *(a buenas amigas)*	**guten Kindern** *(a buenos niños)*
Acusativo	**gute Freunde** *(buenos amigos)*	**gute Freundinnen** *(buenas amigas)*	**gute Kinder** *(buenos niños)*

Cuando el adjetivo no va precedido de ningún artículo, es el adjetivo el que asume la función de determinar el caso, el género y el número del sustantivo al que acompaña. Es decir, se le añade la desinencia pertinente según el esquema de declinación del artículo determinado, a excepción de la forma del genitivo singular masculino y neutro, que es la misma que la de la forma débil, es decir, que termina en **-en**.

Recapitulemos: **der gute Freund**, **ein guter Freund**, **guter Freund**.

Para finalizar estas indicaciones sobre la declinación, aprovechamos la ocasión para recordar que algunos sustantivos femeninos se forman añadiendo al masculino el sufijo **-in**:
der Freund *(el amigo)* **die Freundin** *(la amiga)*
der Lehrer *(el profesor)* **die Lehrerin** *(la profesora)*

PARTICULARIDADES DE LOS ADJETIVOS

Cuando el adjetivo termina en **-e** no se añade otra **-e** a la declinación.

müde *(cansado)*
der müde Sportler (*el cansado deportista* – nominativo)
des müden Sportlers (*del cansado deportista* – genitivo)
dem müden Sportler (*al cansado deportista* – dativo)
den müden Sportler (*el cansado deportista* – accusativo)

Los adjetivos que terminan en **-el** y **-er** modifican su desinencia en la declinación como se indica a continuación:
— **dunkel** *(oscuro)* se convierte en **der dunkle Mantel** *(el abrigo oscuro)*;
— **teuer** *(caro)* se convierte en **der teure Fernseher** *(el caro televisor)*.

Los adjetivos también se forman con los **prefijos**:
— **miss-** (negativo): **misstrauisch** *(desconfiado)*, **missverständlich** *(equívoco)*;
— **un-** (corresponde al prefijo privativo español in-): **ungerecht** *(injusto)*, **unverständlich** *(incomprensible)*.

ADJETIVOS COMPUESTOS

El alemán también emplea **adjetivos compuestos**:
— dos adjetivos: alt + klug = **altklug** *(sabiondo)*;
— un sustantivo y un adjetivo: Blitz + schnell = **blitzschnell** *(fulminante)*, Wunder + schön = **wunderschön** *(maravilloso)*;
— un verbo y un adjetivo: lernen + begierig = **lernbegierig** *(deseoso de aprender)*;
— un sustantivo y un participio: Zeit + raubend = **zeitraubend** *(que requiere mucho tiempo)*;
— un adverbio y un participio: neu + geboren = **neugeboren** *(neonato)*.

LOS GRADOS DEL ADJETIVO

Los adjetivos tienen **tres grados**:
— **positivo** **groß** *(grande)*;
— **comparativo** **größer** *(más grande)*;
— **superlativo** **am größten**, **der größte** *(el más grande)*.

EL GRADO COMPARATIVO

A su vez, el comparativo puede ser de igualdad **so groß wie** *(tan grande como)*, de inferioridad **weniger groß als** *(menos grande que)* o de superioridad **größer als** *(el más grande de)*.

— Comparativo de igualdad

Otto ist so reich wie Peter.	*Otto es tan rico como Peter.*

— Comparativo de inferioridad

Otto ist weniger reich als Peter.	*Otto es menos rico que Peter.*
Otto ist nicht so reich wie Peter.	*Otto no es tan rico como Peter.*

– Comparativo de superioridad

Otto ist reicher als Peter.	*Otto es más rico que Peter.*

En alemán, el comparativo del adjetivo se forma añadiendo el sufijo **-er** o **-r** si el adjetivo termina en **-e**, suavizando en muchos casos la vocal temática, como en los ejemplos:

alt	**älter**	*(viejo, más viejo)*
groß	**größer**	*(grande, más mayor)*
klein	**kleiner**	*(pequeño, más pequeño)*
hoch	**höher**	*(alto, más alto)*

ATENCIÓN:

La forma indicada arriba es para los adjetivos con función predicativa. A esta forma se le añade la desinencia pertinente de caso, género y número si el adjetivo es empleado con función atributiva.

Mein Bruder ist älter als ich.	*Mi hermano es más viejo que yo.*
Ich habe einen älteren Bruder.	*Yo tengo un hermano mayor.*
Er ist mein älterer Bruder.	*Él es mi hermano mayor.*

ATENCIÓN:

En alemán se dice: **Er ist so arm wie ich**; es decir, en alemán, el segundo término de la comparación se expresa siempre en el mismo caso que el primero. En este ejemplo, el primer término de la comparación está en nominativo (**er** = él en caso nominativo), por lo que el segundo término está expresado con **ich** (yo en caso nominativo).

EL GRADO SUPERLATIVO

El superlativo se obtiene añadiendo al adjetivo en grado positivo el sufijo **-st (-est)** y suavizando la vocal temática, que normalmente ya se da en el grado comparativo:

am schönsten **der Schönste** *(el más guapo)*
am stärksten **der Stärkste** *(el más fuerte)*
am größten **der Größte** *(el más grande)*

Er ist der Stärkste (von allen).	*Él es el más fuerte (de todos).*
Er ist am stärksten.	*Él es el más fuerte.*

Las tres formas del adjetivo son:

groß	**größer**	**am größten**
grande	*más grande*	*el más grande*
alt	**älter**	**am ältesten**
viejo	*más viejo*	*el más viejo*
arm	**ärmer**	**am ärmsten**
pobre	*más pobre*	*el más pobre*

También existen adjetivos con comparativo y superlativo irregular, tal y como veremos a continuación:

Adjetivos con comparativo/superlativo irregular				
Hoch *alto*	adjetivo	**der hohe Turm** *la torre alta*	**der höhere Turm** *la torre más alta*	**der höchste Turm** *la torre altísima*
	predicado verbal	**er ist hoch** *él es alto*	**er ist höher** *él es más alto*	**er ist am höchsten** *él es el más alto*
nah *cercano*	adjetivo	**die nahe Straße** *la calle cercana*	**die nähere Straße** *la calle más cercana*	**die nächste Straße** *la calle cercanísima*
	predicado verbal	**sie ist nah** *ella está cerca*	**sie ist näher** *ella está más cerca*	**sie ist am nächsten** *ella es la más cercana*
gut *bueno*	adjetivo	**das gute Essen** *la buena comida*	**das bessere Essen** *la mejor comida*	**das beste Essen** *la óptima comida*
	predicado verbal	**es ist gut** *es bueno*	**es ist besser** *es mejor*	**es ist am besten** *es óptimo/el mejor*
viel *mucho*	adjetivo	**viele Menschen** *muchos hombres*	**mehr Menschen** *más hombres*	**die meisten Menschen** *muchísimos hombres*
	predicado verbal	**es gibt viel** *hay muchos*	**es gibt mehr** *hay más*	**es gibt am meisten** *hay muchísimos*

Las formas **am besten**, **am höchsten**, en alemán, son formas adverbiales.

Er hat am besten gesprochen.	*Él ha hablado muy bien.*

Por el contrario, cuando la forma del superlativo se utiliza con valor nominal se dice:

Er ist der Beste.	*Él es el mejor.*

Como ya se ha indicado, en los adjetivos con función atributiva, es necesario añadir a la forma invariable del comparativo y del superlativo la desinencia distintiva de caso, género y número según los principios de la declinación.

Singular masculino			
Nominativo	der schöne Mann	der schönere Mann	der schönste Mann
Genitivo	des schönen Mannes	des schöneren Mannes	des schönsten Mannes
Dativo	dem schönen Mann	dem schöneren Mann	dem schönsten Mann
Acusativo	den schönen Mann	den schöneren Mann	den schönsten Mann

Plural masculino			
Nominativo	die schönen Männer	die schöneren Männer	die schönsten Männer
Genitivo	der schönen Männer	der schöneren Männer	der schönsten Männer
Dativo	den schönen Männern	den schöneren Männern	den schönsten Männern
Acusativo	die schönen Männer	die schöneren Männer	die schönsten Männer

Singular femenino			
Nominativo	die junge Frau	die jüngere Frau	die jüngste Frau
Genitivo	der jungen Frau	der jüngeren Frau	der jüngsten Frau
Dativo	der jungen Frau	der jüngeren Frau	der jüngsten Frau
Acusativo	die junge Frau	die jüngere Frau	die jüngste Frau

Plural femenino			
Nominativo	die jungen Frauen	die jüngeren Frauen	die jüngsten Frauen
Genitivo	der jungen Frauen	der jüngeren Frauen	der jüngsten Frauen
Dativo	den jungen Frauen	den jüngeren Frauen	den jüngsten Frauen
Acusativo	die jungen Frauen	die jüngeren Frauen	die jüngsten Frauen

Singular neutro			
Nominativo	das kluge Kind	das klügere Kind	das klügste Kind
Genitivo	des klugen Kindes	des klügeren Kindes	des klügsten Kindes
Dativo	dem klugen Kind	dem klügeren Kind	dem klügsten Kind
Acusativo	das kluge Kind	das klügere Kind	das klügste Kind

Plural neutro			
Nominativo	die klugen Kinder	die klügeren Kinder	die klügsten Kinder
Genitivo	der klugen Kinder	der klügeren Kinder	der klügsten Kinder
Dativo	den klugen Kindern	den klügeren Kindern	den klügsten Kindern
Acusativo	die klugen Kinder	die klügeren Kinder	die klügsten Kinder

ATENCIÓN:	
En los tres grados, vemos que se produce la inversión de las terminaciones -el y -er de los adjetivos:	
dunkel *(oscuro)*	**der dunkle Mantel** *(el abrigo oscuro)*
der dunklere Mantel (comparativo)	**der dunkelste Mantel** (superlativo)
teuer *(caro, costoso)*	**der teure Fernseher** *(el televisor caro)*
der teurere Fernseher (*el televisor caro* – comp.)	**der teuerste Fernseher** (*el televisor más caro* – sup.).

Los adjetivos que terminan en **-d**, **-t**, **-tz**, **-z**, **-sch**, **-ss**, **-ß** forman el superlativo añadiendo una **-e**:

breit *(largo)*	**breiter** *(más largo)*	**am breitesten** *(el más largo)*
stolz *(orgulloso)*	**stolzer** *(más orgulloso)*	**am stolzesten** *(el más orgulloso)*
hübsch *(bonito)*	**hübscher** *(más bonito)*	**am hübschesten** *(el más bonito)*

Cuando hay más de un adjetivo se produce una declinación **paralela**:

Ein wunderbarer, sonniger, einsamer und langer Strand.
Una maravillosa, soleada, solitaria y larga playa.

LOS PRONOMBRES PERSONALES

En alemán, el uso de los pronombres personales que acompañan al verbo, si el sujeto no está expresado de otra manera, es obligatorio:

— como sujeto (caso nominativo);

Nominativo singular	Nominativo plural
ich *(yo)*	**wir** *(nosotros)*
du *(tú)*	**ihr** *(vosotros)*
er, sie, es *(él, ella, ello)*	**sie, Sie** *(ellos, usted/ustedes)* (forma de cortesía)

Ich komme sofort.	*Vengo de inmediato.*

— como complemento indirecto (caso dativo);

Dativo singular	Dativo plural
mir *(me, a mí)*	**uns** *(nos, a nosotros/as)*
dir *(te, a ti)*	**euch** *(a vosotros/as)*
ihm, ihr, ihm *(a él, a ella, a ello, le)*	**ihnen, Ihnen** *(a ellos/as, les, a ustedes)*

Ich gebe dir das Buch.	*Yo le doy el libro.*

— como complemento directo (caso acusativo).

Acusativo singular	Acusativo plural
mich *(me)*	**uns** *(nos, a nosotros/as)*
dich *(te)*	**euch** *(os, a vosotros/as)*
ihn, sie, es *(a él, lo, a ella, la, lo)*	**sie, Sie** *(a ellos/as, a ustedes)*

Ich sehe ihn.	*Lo veo.*

Hacemos sólo una mención al pronombre personal en genitivo, que se usa poco:

Genitivo singular	Genitivo plural
meiner *(de mí)*	**unserer** *(de nosotros/as)*
deiner *(de ti)*	**eurer** *(de vosotros/as)*
seiner, ihrer, seines *(de él, de ella, de ello)*	**ihrer, Ihrer** *(de ellos/as, de ustedes)*

Erinnert ihr euch meiner?	*¿Te acuerdas de mí?* (Se usa poco)
Erinnert ihr euch an mich?	*¿Te acuerdas de mí?* (Es mejor utilizar esta forma)

LOS ADVERBIOS PRONOMINALES (1)

Los **«Pronominaladverbien»**, es decir, los adverbios pronominales, son una particularidad del alemán: son el resultado de la unión del adverbio **da** con una preposición regida por el verbo. Se aplican en casi todos los casos en que el pronombre se refiere a una cosa.

Desde el punto de vista morfológico, conviene recordar que cuando la preposición empieza por vocal se añade una **-r (dar-, wor-)** entre el adverbio **da** y la preposición, como en **daran**, **darauf**.
Con frecuencia, estos adverbios pronominales no se traducen, pero son importantes para el significado del verbo en la oración.
Siguiendo este principio, se hace lo mismo con el pronombre interrogativo **wo** + la preposición que rige el verbo.

Erinnerst du dich an unsere Verabredung?	*¿Te acuerdas de nuestra cita?*
Ja, ich erinnere mich daran. (En vez de «**Ja, ich erinnere mich an sie**»)	*Sí, me acuerdo.*
Wofür kämpft diese Gruppe?	*¿Por qué se pelea ese grupo?*
Dafür!	*Por esto.* (En vez de «für das»)

Además, estos adverbios pronominales funcionan también como elementos de unión con las proposiciones subordinadas introducidas por **dass** *(que)*:

Ich habe nichts dagegen, dass er endlich kommt.
No tengo nada en contra de que finalmente venga.

Las oraciones subordinadas se tratarán en la unidad 7.
El pronombre personal de la 3.ª persona del singular **es** = ello (neutro) tiene también las funciones de:

— sujeto de los verbos impersonales;

Es schneit.	*Nieva.*
Es geht mir gut. (En alemán se emplea una forma impersonal que literalmente significa «me va bien»)	*Está bien.*
Es geht endlich besser.	*Finalmente va mejor.*

— «señal» de introducción cuando va al principio de la oración.
En la oración principal, el pronombre personal **es** indica que a continuación viene una oración subordinada.

Es hat jemand angerufen. (También se puede decir: **Jemand hat angerufen**)	*Alguien ha telefoneado.*
Es ist eigenartig, dass er nie angerufen hat.	*Es extraño que él no haya telefoneado.*

 LOS ADJETIVOS POSESIVOS

El adjetivo posesivo tiene en alemán valor de artículo; esto significa que el adjetivo posesivo tiene una doble función: determinar el caso, género y número, e indicar la posesión o pertenencia.

Mein Buch.	*Mi libro.*

		Masculino	Femenino	Neutro
mein	(sing.)	**mein Wagen** *(mi coche)*	**meine Arbeit** *(mi trabajo)*	**mein Buch** *(mi libro)*
	(pl.)	**meine Wagen** *(mis coches)*	**meine Arbeiten** *(mis trabajos)*	**meine Bücher** *(mis libros)*
dein	(sing.)	**dein Wagen** *(tu coche)*	**deine Arbeit** *(tu trabajo)*	**dein Buch** *(tu libro)*
	(pl.)	**deine Wagen** *(tus coches)*	**deine Arbeiten** *(tus trabajos)*	**deine Bücher** *(tus libros)*
sein	(sing.)	**sein Wagen** *(su cohe) (de él)*	**seine Arbeit** *(su trabajo) (de él)*	**sein Buch** *(su libro) (de él)*
	(pl.)	**seine Wagen** *(sus coches)*	**seine Arbeiten** *(sus trabajos)*	**seine Bücher** *(sus libros)*
ihr		**ihr Wagen** *(su coche) (de ella)*	**ihre Arbeit** *(su trabajo) (de ella)*	**ihr Buch** *(su libro) (de ella)*
unser	(sing.)	**unser Wagen** *(nuestro coche)*	**unsere Arbeit** *(nuestro trabajo)*	**unser Buch** *(nuestro libro)*
	(pl.)	**unsere Wagen** *(nuestros coches)*	**unsere Arbeiten** *(nuestros trabajos)*	**unsere Bücher** *(nuestros libros)*
euer	(sing.)	**euer Wagen** *(vuestro coche)*	**eure Arbeit** *(vuestro trabajo)*	**euer Buch** *(vuestro libro)*
	(pl.)	**eure Wagen** *(vuestros coches)*	**eure Arbeiten** *(vuestros trabajos)*	**eure Bücher** *(vuestros libros)*
ihr	(sing.)	**ihr Wagen** *(el coche de ellos)*	**ihre Arbeit** *(el trabajo de ellos)*	**ihr Buch** *(el libro de ellos)*
	(pl.)	**ihre Wagen** *(los coches de ellos)*	**ihre Arbeiten** *(los trabajos de ellos)*	**ihre Bücher** *(los libros de ellos)*
Ihr	(sing.)	**Ihr Wagen** *(su coche «de usted/es»)*	**Ihre Arbeit** *(su trabajo «de usted/es»)*	**Ihr Buch** *(su libro «de usted/es»)*
	(pl.)	**Ihre Wagen** *(sus coches «de usted/es»)*	**Ihre Arbeiten** *(sus trabajos «de usted/es»)*	**Ihre Bücher** *(sus libros «de usted/es»)*

El adjetivo posesivo de la **tercera persona del plural** escrito con letra mayúscula **Ihr** se corresponde en el español con «de usted/es», y con él se indica tanto el singular como el plural.

ATENCIÓN:

Hay que distinguir bien los dos significados:

Das ist Ihre Meinung.	*Esta es la opinión de usted/su opinión.* (Forma de cortesía)
Das ist ihre Meinung.	*Esta es su opinión.* (De ella, de una mujer - adjetivo posesivo de la 3.ª pers. sing.)
También puede significar:	Esta es su opinión. (De ellos - adjetivo posesivo de la 3.ª pers. pl.)

La declinación del adjetivo posesivo se corresponde con la del artículo indeterminado en singular. Para el plural, el esquema de referencia es el del artículo negativo **kein**:

SINGULAR

	Masculino	Femenino	Neutro
Nominativo	**mein Garten** *(mi jardín)*	**meine Frage** *(mi pregunta)*	**mein Haus** *(mi casa)*
Genitivo	**meines Gartens** *(de mi jardín)*	**meiner Frage** *(de mi pregunta)*	**meines Hauses** *(de mi casa)*
Dativo	**meinem Garten** *(a mi jardín)*	**meiner Frage** *(a mi pregunta)*	**meinem Haus** *(a mi casa)*
Acusativo	**meinen Garten** *(mi jardín)*	**meiner Frage** *(mi pregunta)*	**mein Haus** *(mi casa)*

PLURAL

	Masculino	Femenino	Neutro
Nominativo	**meine Gärten** *(mis jardines)*	**meine Fragen** *(mis preguntas)*	**meine Häuser** *(mis casas)*
Genitivo	**meiner Gärten** *(de mis jardines)*	**meiner Fragen** *(de mis preguntas)*	**meiner Häuser** *(de mis casas)*
Dativo	**meinen Gärten** *(a mis jardines)*	**meinen Fragen** *(a mis preguntas)*	**meinen Häusern** *(a mis casas)*
Accusativo	**meine Gärten** *(mis jardínes)*	**meine Fragen** *(mis preguntas)*	**meine Häuser** *(mis casas)*

Por consiguiente:

1.ª pers. sing.	**mein** *(mi)*
2.ª pers. sing.	**dein** *(tu)*
3.ª pers. sing.	**sein** *(su/de él)* **ihr** *(su/de ella)* **sein** *(su/de ello, neutro)*
1.ª pers. pl.	**unser** *(nuestro)*
2.ª pers. pl.	**euer** *(vuestro)*
3.ª pers. pl.	**ihr** *(de ellos)*
	Ihr *(su, de usted/es* - forma de cortesía*)*

LOS PRONOMBRES POSESIVOS

Si **mein**, **dein**, **sein**, **ihr**, etc. no acompañan a un sustantivo, se convierten en pronombres posesivos. En ese caso, siguen la siguiente declinación:

	Masculino	Femenino	Neutro	Plural
Nom.	**meiner** *(el mío)*	**meine** *(la mía)*	**meines** *(el mío)*	**meine** *(los míos, las mías + neutro)*
Gen.	**meines** *(del mío)*	**meiner** *(de la mía)*	**meines** *(del mío)*	**meiner** *(de los míos)*
Dat.	**meinem** *(al mío)*	**meiner** *(a la mía)*	**meinem** *(al mío)*	**meinen** *(a los míos, mías + neutro)*
Ac.	**meinen** *(el mío)*	**meine** *(la mía)*	**meines** *(el mío)*	**meine** *(los míos, las mías + neutro)*

Gib mir deine Uhr, bitte. Meine ist kaputt.	*Dame tu reloj, por favor. El mío está roto.*
Dort steht ein Auto. Das ist meines.	*Allá hay un coche. Es el mío.*

Por lo tanto, la declinación es:

1.ª pers. sing.	**meiner** *(el mío)*	**meine** *(la mía)*	**meines** *(el mío - neutro)*
2.ª pers. sing.	**deiner** *(el tuyo)*	**deine** *(la tuya)*	**deines** *(el tuyo - neutro)*
3.ª pers. sing.	**seiner** *(el suyo - de él)* **ihrer** *(la suya - de ella)* **seiner** *(el suyo - de ello)*	**seine** *(la suya - de él)* **ihre** *(la suya - de ella)* **seine** *(la suya - de ello)*	**seines** *(el suyo - de él)* **ihres** *(el suyo - de ella)* **seines** *(el suyo - de ello)*
1.ª pers. pl.	**unserer** *(el nuestro)* (aunque también: **unsrer**, **unsre**, **unsres**)	**unsere** *(la nuestra)*	**unseres** *(el nuestro)*
2.ª pers. pl.	**eurer** *(el vuestro)*	**eure** *(la vuestra)*	**eures** *(el vuestro)*
3.ª pers. pl.	**ihre** *(de ellos, de ellas)* **Ihre** (*la suya, la de usted/es* - forma de cortesía)		

LOS ADJETIVOS DEMOSTRATIVOS

Los adjetivos demostrativos **dieser**, **diese**, **dieses** (*este, esta, este* – neutro), **jener**, **jene**, **jenes** (*ese, esa, eso* – neutro) y **solcher**, **solche**, **solches** *(tal)* siguen el esquema de declinación del artículo determinado **der**, **die**, **das**. La característica es que hay diferentes desinencias para los tres géneros: **-r** para el masculino, **-e** para el femenino y **-s** para el neutro:

Dieser Mann, diese Frau, dieses Kind.	*Este hombre, esta mujer, este niño.*
Jener Mann, jene Frau, jenes Kind.	*Ese hombre, esa mujer, ese niño.*

DECLINACIÓN DE LOS ADJETIVOS DEMOSTRATIVOS

SINGULAR

Masculino	Femenino	Neutro
dieser Schüler *(este alumno)*	**diese Schülerin** *(esta alumna)*	**dieses Buch** *(este libro)*
jener Brief *(esa carta)*	**jene Blume** *(esa flor)*	**jenes Haus** *(esa casa)*
dieser Gedanke *(este pensamiento)*	**diese Liebe** *(este amor)*	**dieses Problem** *(este problema)*
jener Arbeiter *(ese operario)*	**jene Arbeiterin** *(esa operaria)*	**jenes Klassenzimmer** *(esa aula)*

El adjetivo demostrativo **solcher** *(tal)* indica la característica de la persona o de la cosa. También puede estar delante del artículo indeterminado: en ese caso no se declina y puede ser sustituido por **so** *(así)*.

Solch ein Schrecken. *(Tal temor.)*	**So ein Schrecken.** *(Tal temor.)*

Dieser Typ gefällt mir nicht.	*Este tipo no me gusta.*
Diese Schauspielerin ist mein Typ.	*Esta actriz es mi tipo.*
Dieses Buch kannst du wegwerfen.	*Este libro lo puedes tirar.*
Wir hatten solches Unglück!	*¡Tuvimos tal mala suerte!*

LOS PRONOMBRES DEMOSTRATIVOS

El artículo determinado también puede adoptar valor de demostrativo: su forma neutra **das** se emplea con función de pronombre demostrativo genérico sin concordancia.

Das ist meine Schwester.	*Esta es mi hermana.*
Das sind meine Eltern.	*Estos son mis tíos.*
Das ist alles okay.	*Todo está bien.*
Ist das alles?	*¿Está todo?*

SINGULAR

Masculino	**Das (dies) ist ein Mann.**	*Este es un hombre.*
Femenino	**Das (dies) ist eine Frau.**	*Esta es una mujer.*
Neutro	**Das (dies) ist ein Kind.**	*Este es un niño.*

PLURAL

Masculino	**Das (dies) sind Männer.**	*Estos son hombres.*
Femenino	**Das (dies) sind Frauen.**	*Estas son mujeres.*
Neutro	**Das (dies) sind Kinder.**	*Estos son niños.*

El adjetivo demostrativo puede emplearse con función de adjetivo atributivo, pero también como **pronombre autónomo**:

Dieses Kleid gefällt mir.	*Este vestido me gusta.*
Dies gefällt mir besser als das.	*Este me gusta más que aquel.*

En su origen, el pronombre demostrativo **dieser** indicaba proximidad *(este)* y **jener** *(ese)* lejanía, pero a día de hoy **jener** es más solemne y es poco empleado; por consiguiente, normalmente se emplea **dieser** con el significado de «este» y con el significado de «aquel».
En la lengua hablada, se emplea más bien **der dort** *(ese de allá)*, **die dort** *(esa de allá)*, **das dort** (*eso de allá* - neutro).

Otros pronombres demostrativos:
— **derselbe**, **dieselbe**, **dasselbe** (*el mismo*, *la misma*, *el mismo* en el sentido de indéntico), que indican la identidad de una persona o de una cosa anteriormente mencionada;
— **derjenige**, **diejenige**, **dasjenige** *(aquel, aquella, aquello)*, que indican una persona o una cosa que será la misma que en la proposición relativa sucesiva.

Estas palabras están compuestas por el artículo determinado **der-**, **die-**, **das-** + **selbe/jenige**. Por consiguiente, la primera parte de estos pronombres demostrativos sigue la declinación del artículo determinado **der**, **die**, **das** y la segunda parte sigue la declinación débil del adjetivo, como en el siguiente esquema.

	Singular			Plural
	Masculino	**Femenino**	**Neutro**	**M + F + N**
Nominativo	derjenige	diejenige	dasjenige	diejenigen
Genitivo	desjenigen	derjenigen	desjenigen	derjenigen
Dativo	demjenigen	derjenigen	demjenigen	denjenigen
Acusativo	denjenigen	diejenige	dasjenige	diejenigen

Warum tragt ihr immer dieselben Schuhe?	*¿Por qué traéis siempre los mismos zapatos?*
Sie war diejenige, die mich angezeigt hatte.	*Era ella, la que me había denunciado.*

ATENCIÓN:

Der gleiche, die gleiche, das gleiche *(igual)* no debe confundirse con **derselbe, dieselbe, dasselbe**, porque indica una persona o una cosa similar pero no idéntica a la anteriormente mencionada.

Die Zwillinge trugen die gleichen Hosen. *Los gemelos llevan pantalones iguales.*

LOS ADJETIVOS Y LOS PRONOMBRES INTERROGATIVOS Y LA INVERSIÓN DEL SUJETO

Las oraciones interrogativas se diferencian de las afirmativas por la inversión del sujeto.

Kommen sie gerne?	*¿Les apatece venir?*	**Wer ist das?**	*¿Quién es?*
Ja, sie kommen gerne.	*Sí, vamos.*	**Das ist mein Bruder.**	*Es mi hermano.*
Bleiben sie lange?	*¿Llevan mucho rato?*	**Was ist passiert?**	*¿Qué ha pasado?*
Ja, sie bleiben lange.	*Sí, llevamos un rato.*	**Es ist nichts passiert.**	*No ha pasado nada.*

DECLINACIÓN DEL PRONOMBRE INTERROGATIVO WER

	Personas	Objetos
Nominativo	**wer?** *(¿quién?)*	**was?** *(¿qué?)*
Genitivo	**wessen?** *(¿de quién?)*	**wessen?** *(¿de qué?)*
Dativo	**wem?** *(¿a quién?)*	**was?** *(¿a qué?)*
Acusativo	**wen?** *(¿quién?)*	**was?** *(¿qué?)*

Los pronombres **welcher, welche, welches** *(¿cuál?)* también se declinan.

El pronombre interrogativo **wo** une a la partícula interrogativa la preposición regida por el verbo. De este modo, es posible crear una infinidad de pronombres interrogativos como **wovon, wofür, wozu, woran**, etc.

LOS ADVERBIOS PRONOMINALES (2)

An was? Woran? *(¿a/en qué?)*; **auf was? Worauf?** *(¿sobre qué?)*; **aus was? Woraus?** *(¿de qué?)*; **bei was? Wobei?** *(¿con qué?)*; **für was? Wofür?** *(¿para qué?)*; **gegen was? Wogegen?** *(¿contra qué?)*; **in was? Worin?** *(¿en qué?)*; **nach was? Wonach?** *(¿de qué?)*; **über was? Worüber?** *(¿sobre qué?)*; **unter was? Worunter?** *(¿debajo de qué?)*; **zu was? Wozu?** *(¿a qué?)*.

Worüber freut ihr euch?	*¿De qué os alegráis?*
Wozu brauchst du das Geld?	*¿Para qué necesitas el dinero?*
Wozu Dichter? (Esta frase fue dicha por el famoso filósofo alemán Heidegger)	*¿Para qué los poetas?*
Woran denkst du?	*¿En qué estás pensando?*
Wonach sehnst du dich?	*¿De qué tienes nostalgia?*

La inversión del sujeto no sólo se da en las oraciones interrogativas, también en las oraciones afirmativas cuando la frase empieza con un complemento.

Wie lange bleibst du weg?	*¿Cuánto tiempo te quedas?* (Requiere inversión del sujeto)
Ich bleibe heute zu Hause.	*Yo estaré hoy en casa.* (Secuencia normal)
Heute bleibe ich zu Hause.	*Hoy, estaré en casa.* (Inversión del sujeto ich)
Gegen Abend schreibe ich einen Brief.	*Cada tarde, escribo una carta.* (C. C. de tiempo)
Das Buch kaufe ich später.	*El libro, lo compraré más tarde.* (Complemento directo)

Después de las **conjunciones aber** *(pero)*, **denn** *(puesto que)*, **oder** *(o)*, **sondern** *(sino)* y **und** *(y)* **no se produce la inversión**. Esto se estudiará más profundamente en la unidad 6, relativa a las conjunciones.

La inversión verbo - sujeto se tratará en el capítulo relativo a las conjunciones y a las oraciones principales.

Otros adjetivos interrogativos muy empleados, sobre todo en la lengua hablada, son **was für ein?** (*¿cuál?*, con el significado de «qué tipo») y **welcher?** *(¿cuál?)*, que también puede ser empleado con función pronominal.

Was für ein Chef ist er?	*¿Qué tipo de jefe es?*
Was für einer ist er?	*¿De qué tipo es él?*
Welcher Partei gehören Sie an?	*¿A qué partido pertenece usted?*
Welcher gehören Sie an?	*¿A cuál pertenece usted?*

La parte **ein** del pronombre **was für ein** se declina. En plural se emplea **was für welche?** *(¿cuáles?)*.

	Masculino	**Femenino**	**Neutro**	**Plural**
Nominativo	was für einer?	was für eine?	was für eines?	was für welche?
Genitivo	was für eine**s**?	was für eine**r**?	was für eines?	was für welche**r**?
Dativo	was für eine**m**?	was für eine**r**?	was für einem?	was für welche**n**
Acusativo	was für eine**n**?	was für ein**e**?	was für eine**s**?	was für welch**e**?

Was für ein Menü wünschen Sie?	*¿Qué menú desea?*
Ich wünsche ein teures Menü.	*Yo quiero un menú caro.*

La respuesta a **was für ein** incluye un artículo determinado.

Was für ein Wein ist das?	*¿Qué tipo de vino es este?*
Es ist ein alter Rioja.	*Es un viejo Rioja.*
Welchen Film schauen wir uns an?	*¿Qué película vamos a ver?*
Wir schauen den (diesen) an.	*Veremos esta.*

En el último ejemplo, se responde con el artículo determinado **den** o con el pronombre demostrativo **diesen**.

La declinación de **welcher?** *(¿cuál?)* es la del artículo determinado.

	Masculino	**Femenino**	**Neutro**	**Plural**
Nominativo	welcher?	welche?	welches?	welche?
Genitivo	welches?	welcher?	welches?	welcher?
Dativo	welchem?	welcher?	welchem?	welchen?
Acusativo	welchen?	welche?	welches?	welche?

Welchen Arzt habt ihr?	*¿Qué médico tenéis?*
Welchen habt ihr?	*¿Cuál tenéis?*
An welche Lehrerin erinnert ihr euch?	*¿De qué profesora os acordáis?*
An welche erinnert ihr euch?	*¿De cuál os acordáis?*

LOS ADJETIVOS INDEFINIDOS

mancher, manche, manches	*alguno*
jeder, jede, jedes	*cada*
etwas	*algo*
ein, irgendein	*un, uno, alguno*
kein	*ninguno*
welche, manche, einige	*cual (plural)*
mehrere	*varios, diversos*
irgendein, irgendwelch	*alguno*
alle	*todos (sólo plural)*
sämtliche	*todos (sólo plural)*

Estos adjetivos se declinan como el artículo determinado **der**, **die** e **das**.

	Masculino	Femenino	Neutro	Plural (M/F/N)
Nominativo	jeder Mensch *(cada hombre)*	jede Lampe *(cada lámpara)*	jedes Buch *(cada libro)*	alle Menschen *(todos los hombres)*
Genitivo	jede**s** Menschen	jede**r** Lampe	jede**s** Buches	alle**r** Menschen
Dativo	jede**m** Menschen	jede**r** Lampe	jede**m** Buch	alle**n** Menschen
Acusativo	jede**n** Menschen	jed**e** Lampe	jede**s** Buch	all**e** Menschen

Jedes Buch ist eine Überraschung für mich.	*Cada libro es una sorpresa para mí.*
Allen Menschen sollte man ausreichend zu essen geben.	*A todos los hombres se les debe dar comida suficiente.*
Jeden Tag dasselbe Theater.	*Cada día la misma escena.*
Sämtliche Studenten waren anwesend.	*Todos los estudiantes estaban presentes.*

PARTICULARIDADES DE ALL *(TODOS)*

La forma **all** (plural) se coloca delante del artículo determinado, del pronombre posesivo o demostrativo.

All die Sachen sind zum Wegwerfen.	*Todas las cosas son para tirar.*
Sie hatten all ihre Geschenke ausgepackt.	*Ella ha abierto todos los regalos.*
All diese Probleme verschieben wir auf morgen.	*Todos estos problemas los posponemos para mañana.*

Más ejemplos de adjetivos indefinidos:

Er hat einige Erfahrung.	*Él tiene alguna experiencia.*
Er hat keine Erfahrung.	*Él no tiene experiencia.*
Gib mir etwas Wasser, bitte!	*Dame un poco de agua, por favor.*
Manche/Einige Leute meinen das.	*Alguien lo piensa.*
Ist irgendein Verkäufer in diesem Geschäft anwesend?	*¿Hay algún empleado en este negocio?*
Es könnten irgendwelche Diebe kommen.	*Podría venir cualquier ladrón.*

LOS PRONOMBRES INDEFINIDOS

einer	*uno*
jemand	*alguno*
jedermann	*cada cual*
keiner, niemand	*ninguno*
etwas, was, irgendetwas	*algo*
nichts	*nada, ninguna cosa*
alles	*todo*
viel	*mucho*
wenig	*poco*
irgendjemand, irgendeiner	*alguien, alguno*
irgendwer	*alguno*
man	*se (impersonal)*
welcher, mancher, einige	*algunos (pl.)*
mehrere	*varios, más de uno*

Los pronombres **einer**, **irgendeiner**, **irgendwer**, **man**, **jemand**, **irgendjemand**, **jedermann** se refieren sólo a las personas, mientras que **etwas**, **irgendetwas**, **alles**, **viel**, **wenig** se refieren a cosas.
Keiner *(ninguno)*, **niemand** *(nadie)* y **nichts** *(nada)* son pronombres que incluyen la negación.

La declinación de los pronombres **einer, (k)einer** e **(irgend)einer** carece de genitivo y de plural; para el plural se emplea **welche**.

	Masculino	Femenino	Neutro	Plural (M/F/N)
Nominativo	(irgend)einer	(irgend)eine	(irgend)eines	welche
Dativo	(irgend)einem	(irgend)einer	(irgend)einem	welchen
Acusativo	(irgend)einen	(irgend)eine	(irgend)eines	welche

Einer von ihnen.	*Uno de ellos.*
Eines der beiden Pferde.	*Uno de los dos caballos.*
Mehrere von ihnen.	*Muchos de ellos.*
Hattet ihr niemand im Auto?	*¿Nadie tenía coche?*
Sie könnten jemand mit dem Transport beauftragen.	*Alguien podría hacerse cargo del transporte.*
Irgendeiner hat das letzte Stück Brot gegessen.	*Alguien se ha comido la última rebanada de pan.*
Irgendeinem muss man ja die Schuld geben.	*A alguien se le debe echar la culpa.*
Es könnten irgendwelche kommen.	*Podría venir alguien.*

El pronombre indefinido **man** se traduce como el «se» impersonal.

Man weiß ja, wie das geht.	*Ya se sabe cómo terminarlo.*
Man muß über die Abwesenden nicht schlecht sprechen.	*No se debe hablar mal de los ausentes.*

ATENCIÓN:
En la actualidad, los pronombres **jemand** *(alguien/alguno)* y **niemand** *(ninguno)* no tienen más declinación que el dativo y el acusativo.

Algunos pronombres indefinidos pueden ser empleados junto a adjetivos sustantivados.

Sie haben wirklich etwas Gutes getan.	*Realmente, ellos han hecho pocas cosas buenas.*
Nur nichts Schlechtes.	*Ninguna mala noticia.*
Alles Schöne dauert kurz.	*Todas las cosas bellas duran poco.*

LOS PRONOMBRES RELATIVOS

Existen dos clases de pronombres relativos: el recurso más moderno se corresponde con el artículo determinado **der, die, das** *(= que, cual)*, con una declinación diferente en el genitivo singular y en el genitivo y dativo plural; la otra clase de pronombres relativos es **welcher**, **welche**, **welches** *(= que, cual)*, que sirve para evitar la cacofonía o los malentendidos.
Obviamente, los pronombres relativos introducen oraciones subordinadas de relativo.

DECLINACIÓN DE LOS PRONOMBRES RELATIVOS EN SINGULAR

	Masculino	Femenino	Neutro
Nominativo	der welcher *(que, cual)*	die welche *(que, cual)*	das welches *(que, cual)*
Genitivo	dessen (cuyo)	deren (cuya)	dessen (cuyo)
Dativo	dem welchem *(al que)*	der welche *(a la que)*	dem welchem (al que)
Acusativo	den welchen *(que, cual)*	die welche *(que, cual)*	das welches *(que, cual)*

PLURAL (igual para los tres géneros)

Nominativo	die / welche	*(que, cuales)*
Genitivo	deren	*(cuyos)*
Dativo	denen / welchen	*(a los que, a las que)*
Acusativo	die / welche	*(que, cuales)*

Der Mann, der zweimal lebte.	*El hombre que vivió dos veces.*
Die Frau, die kein Geld hat.	*La mujer que no tiene dinero.*
Das Problem, das unlösbar ist.	*El problema que no tiene solución.*
Der Mann, dessen Sohn mein Freund ist.	*El hombre cuyo hijo es mi amigo.*
Die Frau, deren Töchter heute kommen.	*La mujer cuya hija viene hoy.*
Das Kind, dessen Spielsachen hier sind.	*El niño cuyos juguetes están aquí.*
Der Mann, den ich dankbar bin.	*El hombre al que estoy agradecido.*
Die Frau, der ich Gutes getan habe.	*La mujer a la que he hecho cosas buenas.*
Das Buch, das ich gekauft habe.	*El libro que he comprado.*

Das Theater, dem er sein Leben gewidmet hat.	***El teatro, al que él ha dedicado su vida.***
Der Mann, den ich kenne.	***El hombre que conozco.***
Die Reise, die ich plane.	*El viaje que planeo.*

En lo que atañe a la construcción de las oraciones de relativo (unidad 7), recordamos que en las oraciones subordinadas el verbo de la oración de relativo se coloca al final de la misma frase, con la parte conjugada en la última posición.

Die Freundin, die ich vor zwei Jahren in Deutschland kennengelernt habe, kann jetzt nicht kommen.	*La amiga que conocí en Alemania hace 2 años, ahora no puede venir.*

Respecto al orden de las oraciones de relativo en las oraciones principales, desde el punto de vista del análisis lógico, estas equivalen a un complemento de especificación que, obviamente, no puede separarse del nombre al que especifica.

Para evitar la cacofonía, la frase **Die Angestellten, die die Probleme nicht lösen** (dos veces **die**), puede transformarse en: **Die Angestellten, welche die Probleme nicht lösen**.

El pronombre de relativo también puede ir precedido por una preposición.

Die Tasse, aus der ich trinke / Die Tasse, aus welcher ich trinke.	*La taza de la que yo bebo.*

En vez del pronombre relativo **das** *(que),* se usa **was** cuando se refiere a:

— una cosa no determinada;

Alles, was ich wissen wollte.	*Todo lo que yo quiero saber.*

— una proposición completa.

Er redete lange, was mir nicht gefiel.	*Habló largo rato, cosa que no me gusta.*

Otras proposiciones de relativo son introducidas por **wer … der** o **was … das**. El pronombre relativo **wer** puede ser sustituido por **derjenige**, **der** *(cuyo, que)*, como en las siguientes oraciones.

Wer nicht arbeitet, der hat hier nichts zu suchen!	*Quien no trabaje no puede quedarse.*
Was man nicht weiß, das macht einem nicht heiß!	*¡Quien no sabe no se inquieta!*
Derjenige, der nicht arbeiten will, hat hier nichts zu suchen.	*Quien no quiera trabajar no puede estar aquí.*

Para indicar ciudades, países o lugares en general se emplean los **adverbios de relativo (Relativadverbien) wo** (*donde* – estar en un lugar), **wohin** (*adonde, hacia donde* – movimiento), **woher** (*de donde*).

Meine Heimatstadt, wo ein schönes Münster steht, ist Freiburg. *Mi ciudad natal, donde hay una bella catedral, es Friburgo.*
Griechenland, wohin wir umziehen werden, ist immer sonnig. *En Grecia, adonde nos trasladamos, siempre hay sol.*
Sie stammt aus Sachsen, woher sie auch ihre Aussprache hat. *Es originaria de Sajonia, de donde también ha tomado su pronunciación.*

LOS PRONOMBRES REFLEXIVOS

Los pronombres reflexivos sólo tienen la forma del dativo y del acusativo, que se corresponden con la 1.ª y la 2.ª personas del singular y del plural de los pronombres personales. Sólo la 3.ª persona tiene una forma propia, **sich** («se» reflexivo).

	Singular			Plural		
	1.ª pers.	**2.ª pers.**	**3.ª pers.**	**1.ª pers.**	**2.ª pers.**	**3.ª pers.**
Dativo	mir	dir	sich	uns	euch	sich
Acusativo	mich	dich	sich	uns	euch	sich

Para más detalles, conviene leer el capítulo de los verbos reflexivos.

SICH NACH ETWAS FRAGEN *(preguntarse alguna cosa)*:

ich frage mich	*yo me pregunto*	**wir fragen uns**	*nosotros nos preguntamos*
du fragst dich	*tú te preguntas*	**ihr fragt euch**	*vosotros os preguntáis*
er fragt sich	*él se pregunta*	**sie fragen sich**	*ellos se preguntan*

LOS NÚMEROS

LOS NÚMEROS CARDINALES

Una particularidad es que la unidad precede a la decena: **dreizehn** *(trece)*. A partir del 21, entre la unidad y la decena se introduce **und** *(y)*: **einundzwanzig** *(veintiuno)*.

1	eins	17	siebzehn	200	zweihundert
2	zwei	18	achtzehn	300	dreihundert
3	drei	19	neunzehn	400	vierhundert
4	vier	20	zwanzig	500	fünfhundert
5	fünf	21	einundzwanzig	600	sechshundert
6	sechs	22	zweiundzwanzig	700	siebenhundert
7	sieben	23	dreiundzwanzig	800	achthundert
8	acht	30	dreißig	900	neunhundert
9	neun	40	vierzig	1.000	tausend
10	zehn	50	fünfzig	1.001	tausendeins
11	elf	60	sechzig	2.000	zweitausend
12	zwölf	70	siebzig	3.000	dreitausend
13	dreizehn	80	achtzig	1.000.000	eine Million
14	vierzehn	90	neunzig	2.000.000	zwei Millionen
15	fünfzehn	100	hundert	1.000.000.000	eine Milliarde
16	sechzehn	101	einhunderteins	2.000.000.000	zwei Milliarden

En alemán, los números cardinales son indeclinables, excepto **eins** *(uno)* que, unido a un sustantivo, asume la declinación del artículo indeterminado.

CURIOSIDADES

El marco alemán era femenino: **die deutsche Mark, die DM.**
El billete es masculino: **der Schein** *(el billete)*, por lo que también lo son sus compuestos **der Zehnmarkschein** *(el billete de 10 marcos)*. El céntimo del marco era masculino: **der Pfennig**, mientras que moneda es neutro: **das Kleingeld**.

LA EDAD

Cómo se pregunta la edad:

Wie alt ist er?	*¿Cuántos años tiene?*	**Er ist zehn Jahre alt.**	*Él tiene 10 años.*
o simplemente:		**Er ist zehn.**	*Él tiene 10 años.*

LOS NÚMEROS ORDINALES

Para formar los números ordinales, se añade al número cardinal una **-t** hasta el 19, y del 20 en adelante **-st**.

der achtzehnte	*el decimoctavo*	**der zwanzigste**	*el vigésimo*

Se añade la desinencia correspondiente, según la declinación de los adjetivos.

Masculino	**der erste** *(el primero)* **der dritte** *(el tercero)*	**der zweite** *(el segundo)* **der vierte** *(el cuarto)*, etc.
Femenino	**die erste** *(la primera)*	
Neutro	**das erste** (*el primero* - neutro)	

Ich sehe einen dritten Mann. (Acusativo)	*Veo un tercer hombre.*
Ich kaufe ein viertes Buch. (Acusativo)	*Compro un cuarto libro.*

Para indicar los sucesivos reyes, papas, etc. se emplean los números ordinales precedidos del artículo determinado, que debe leerse siempre, aunque no esté escrito:

Karl V – Karl der Fünfte	*Carlos V (quinto)*
Friedrich I – Friedrich der Erste	*Federico I (primero)*

CURIOSIDADES
einmal *(una vez)*, **zweimal** *(dos veces)*, **dreimal** *(tres veces)*
Zwei mal zwei ist vier. *Dos por dos son cuatro.*
erstens *(en primer lugar)*, **zweitens** *(en segundo lugar)*
eineinhalb o **anderthalb** = *uno y medio*
dreieinhalb = *tres y medio*
zehn Prozent = *el 10 %* (en alemán, el tanto por ciento no va precedido de artículo)

LAS FRACCIONES

Para indicar las fracciones, se añade a los números cardinales **-tel**, hasta el 19, y del 20 en adelante, **-stel**:

ein Viertel *(un cuarto)*	**ein Zwanzigstel** *(un veinteavo)*
ein Hundertstel *(un centésimo)*	

EL TIEMPO/LA FECHA

DIE TAGE (LOS DÍAS)

Montag	*lunes*	**Freitag**	*viernes*
Dienstag	*martes*	**Samstag**	*sábado*
Mittwoch	*miércoles*	**Sonntag**	*domingo*
Donnerstag	*jueves*		

Los días de la semana son todos masculinos, ya que, excepto **Mittwoch**, todos terminan con la palabra **Tag**. Por afinidad, **Mittwoch** también es masculino.

ATENCIÓN:

Para indicar la repetición *(todos los lunes)*, el nombre del día se convierte en adverbio seguido del sufijo -s y la letra inicial se convierte en minúscula.

montags = *los lunes, todos los lunes*; **sonntags** = *los domingos, todos los domingos*

Die Woche hat sieben Tage.		*La semana tiene siete días.*	
Vier Wochen bilden einen Monat.		*Cuatro semanas constituyen un mes.*	
Der Wochentag	*El día de la semana.*	**Der Werktag**	*El día laborable.*
Der Feiertag	*El día festivo.*	**Das Jahrhundert**	*El siglo.*
Das Jahrtausend	*El milenio.*		

DIE MONATE (LOS MESES)

Januar	*enero*	**Mai**	*mayo*	**September**	*septiembre*
Februar	*febrero*	**Juni**	*junio*	**Oktober**	*octubre*
März	*marzo*	**Juli**	*julio*	**November**	*noviembre*
April	*abril*	**August**	*agosto*	**Dezember**	*diciembre*

DAS JAHR (EL AÑO)

Das Jahr beginnt am 1. Januar, Neujahr, und endet am 31. Dezember, Silvester.	*El año empieza el 1 de enero, Año Nuevo, y termina el 31 de diciembre, Nochevieja.*
Das Jahr hat 365 Tage.	*El año tiene 365 días.*
Wenn der Februar 29 Tage hat, sprechen wir von Schaltjahr.	*Cuando febrero tiene 29 días,* ***hablamos de año bisiesto.***
Drei Monate bilden ein Vierteljahr.	*Tres meses forman un trimestre.*
Sechs Monate bilden ein halbes Jahr (Halbjahr).	*Seis meses forman un semestre.*

DIE JAHRESZEITEN (LAS ESTACIONES)

der Frühling	*primavera*	**der Herbst**	*otoño*
der Sommer	*verano*	**der Winter**	*invierno*

EL COMPLEMENTO DE TIEMPO

Normalmente, los complementos de tiempo se expresan:

— caso **acusativo**, como en los siguientes ejemplos;

jeden Tag	*cada día* (der Tag = *el día*)	**einen Tag**	*un día*
nächste Woche	*la próxima semana* (die Woche = *la semana*)	**nächstes Jahr**	*el próximo año*
letztes/voriges Jahr	*el año pasado* (das Jahr = *el año*)		

— **an** + **dativo**, como en los siguientes ejemplos;

am (an + dem) 12. September	*el 12 de septiembre*
am Montag, am Dienstag	*lunes, martes (con los días de la semana)*
am Montag bin ich zu Hause geblieben.	*Los lunes estoy en casa.*

— **in** + **dativo** con las estaciones y los meses.

im (in dem) Sommer	*en verano*	**im September**	*en septiembre*
im Frühling	*en primavera*		

ATENCIÓN:			
Zu Weihnachten	*En Navidad*	**Zu Ostern**	*En Pascua*

EXCEPCIONES	
Den wievielten haben wir heute?	*¿Cuántos somos hoy?*
Welches Datum ist heute?	*¿Qué fecha es hoy?*
Was für ein Tag ist heute?	*¿Qué día es hoy?*
Wann bist du geboren?	*¿Cuándo has nacido?*
Wann hast du Geburtstag?	*¿Cuándo es tu cumpleaños?*

LA HORA

La palabra **Uhr** *(hora)* siempre debe acompañar a la indicación de la hora.

Es ist zehn Uhr.	*Son las diez.*

El sujeto **es** es el pronombre personal neutro. Siempre debe estar expreso y en singular.

Wieviel Uhr ist es?	*¿Qué hora es?* (sing.y pl.)	**Es ist acht Uhr.**	*Son las ocho.*

Para indicar la media, se antepone la palabra indeclinable **halb** *(media)* a la hora.

Es ist halb zehn.	*Son las nueve y media.*

Para indicar los cuartos se hace referencia a la hora pasada hasta la media.

Es ist neun Uhr.	*Son las nueve.*
Es ist Viertel nach neun Uhr.	*Son las nueve y cuarto.*
Es ist halbzehn.	*Son las nueve y media.*
Es ist Viertel vor zehn.	*Son las diez menos cuarto.*
Es ist zwanzig vor elf.	*Son las once menos veinte.*

El horario oficial se indica con números cardinales:
8.00 – **acht Uhr** 14.00 – **vierzehn Uhr** *(catorce)*
8.30 – **acht Uhr dreißig** 14.10 – **vierzehn Uhr zehn** *(catorce y diez)*
8.40 – **acht Uhr vierzig**

LA FECHA

Para las fechas, en alemán se emplean los números ordinales seguidos de un punto.

der 1. Mai	*el 1.º de mayo*	**der 24. Dezember**	*el 24 de diciembre*

En escritura, la fecha va precedida por el artículo en acusativo.

Mailand, den 5. Februar 2004	*Milán, 5 de febrero de 2004*

En el complemento de tiempo, la fecha se escribe:

am (an dem) 15. August	*el 15 de agosto*

Las fechas superiores a 1000 no se leen igual que en castellano, 1945, sino: «diecinueve, cien, cuarenta y cinco», **neunzehnhundertfünfundvierzig**.

UNIDAD 4
EL VERBO

El **verbo** es en la gramática alemana **el núcleo** en torno al cual giran todos los complementos. Por esta razón, la posición del verbo está siempre preestablecida con relación al tipo de oración formulada (principal, subordinada, interrogativa). Esto lo veremos más adelante, cuando nos ocupemos del predicado y de la posición del verbo en el contexto de la oración (unidad 7).

En alemán, los verbos se clasifican en **verbos débiles**, **verbos fuertes** y **verbos mixtos**. Para comprender mejor la distinción, se tienen que considerar las tres formas fundamentales del paradigma del verbo alemán.

Infinitivo	Pretérito	Participio pasado
lernen *(aprender)*	lernte	gelernt
bleiben *(quedar)*	blieb	geblieben

Conociendo estas formas de cada verbo, es posible formar todos los tiempos y todos los modos de cualquier verbo.
El diccionario indica siempre el **paradigma** de cada verbo, constituido por el **infinitivo**, tercera persona singular del **pretérito** (que se corresponde con el pretérito imperfecto español) y **participio pasado**. Cuando el paradigma no se indica, se trata de un verbo débil (regular).

El verbo (por ejemplo **bleiben,** *quedar*) está constituido por dos partes: la **raíz (tema) bleib** y la **desinencia -en.** Para conjugar el verbo se quita la desinencia **-en** y se añade a la raíz la desinencia de persona (1.ª, 2.ª, 3.ª persona), número (singular/plural), modo y tiempo, por ejemplo, en el presente: **-e, -st, -t, -en, -(e)t, -en.**

LOS VERBOS DÉBILES

Los verbos débiles se caracterizan por la conjugación regular y muy simple de todos los tiempos, ya que la raíz permanece invariable.

Infinitivo	Pretérito	Participio pasado
lern-en	lern-te	ge-lern-t

PRESENTE DE INDICATIVO DE LOS VERBOS DÉBILES

Se forma con la raíz del infinitivo más la desinencia apropiada.

LERNEN

ich	lern-**e**	*yo aprendo*
du	lern-**st**	*tú aprendes*
er/sie/es	lern-**t**	*él/ella aprende*
wir	lern-**en**	*nosotros aprendemos*
ihr	lern-**t**	*vosotros aprendéis*
sie/Sie	lern-**en**	*ellos aprenden/usted aprende*

La desinencia indica la persona (1.ª, 2.ª, 3.ª), el número (singular/plural), el modo y el tiempo (indicativo, presente, etc.).

En la lengua hablada, casi nunca se pronuncia la **-e** final de la 1.ª persona del singular: **ich mach** *(hago)*, **ich geh** *(voy)*, **ich les** *(leo)*.

Otra particularidad de la conjugación de los verbos se manifiesta cuando la raíz termina en **-d** o **-t** o con las consonantes dobles **mm** o **nn**. En estos casos, se inserta una **-e**.

er arbeitet *él trabaja*	**du wartest** *tú esperas*	**er findet** *él encuentra*

Por el contrario, para los verbos que terminan en **-el** o **-er** se omite la **-e** en la 1.ª persona del singular.

lächeln *(sonreír)*	**Ich lächle** *(yo sonrío)*

También en el infinitivo se omite la **-e**.

lächel-n *(sonreír)*	**handel-n** *(proceder)*

LOS VERBOS FUERTES

Normalmente, tanto los verbos débiles como los fuertes tienen las mismas desinencias: se compara el presente del verbo **lernen** (débil) con **singen** *(cantar)* (fuerte).

PRESENTE DE INDICATIVO DE LOS VERBOS FUERTES

SINGEN

ich sing-e	*yo canto*	wir sing-**en**	*nosotros cantamos*
du sing-**st**	*tú cantas*	ihr sing-**t**	*vosotros cantáis*
er/sie/es sing-**t**	*él/ella canta*	sie/Sie sing-**en**	*ellos cantan/usted canta*

Muchos verbos fuertos modifican la vocal o vocales de la raíz en la 2.ª y 3.ª personas del singular, como **sprechen** *(hablar)*, **tragen** *(llevar)*, **lesen** *(leer)*.

SPRECHEN

ich sprech-**e**	*yo hablo*	wir sprech-**en**	*nosotros hablamos*
du spr**i**ch-**st**	*tú hablas*	ihr sprech-**t**	*vosotros habláis*
er/sie/es spr**i**ch-**t**	*él/ella habla*	sie/Sie sprech-**en**	*ellos hablan/usted habla*

TRAGEN

ich trag-**e**	*yo llevo*	wir trag-**en**	*nosotros llevamos*
du tr**ä**g-**st**	*tú llevas*	ihr trag-**t**	*vosotros lleváis*
er/sie/es tr**ä**g-**t**	*él/ella lleva*	sie/Sie trag-**en**	*ellos llevan/usted lleva*

LESEN

ich les-**e**	*yo leo*	wir les-**en**	*nosotros leemos*
du **lies-t**	*tú lees*	ihr les-**t**	*vosotros leéis*
er/sie/es **lies-t**	*él/ella lee*	sie/Sie les-**en**	*ellos leen/usted lee*

ATENCIÓN:

Es necesario aprenderse las tres formas de los verbos fuertes.

kommen	**kam**	**gekommen**	*venir, venía, venido*
sehen	**sah**	**gesehen**	*ver, veía, visto*
springen	**sprang**	**gesprungen**	*saltar, saltaba, saltado*

 LOS VERBOS MIXTOS

La conjugación de los verbos mixtos presenta características morfológicas de los verbos fuertes y de los débiles que ya están presentes en el paradigma.

Infinitivo	Pretérito	Participio pasado
bring-en *(llevar)*	brach-te	ge-brach-t
denk-en *(pensar)*	dach-te	ge-dach-t
kenn-en *(conocer)*	kann-te	ge-kann-t

PRESENTE DE INDICATIVO DE LOS VERBOS MIXTOS

BRINGEN

ich bring-e	*yo llevo*	wir bring-**en**	*nosotros llevamos*
du bring-**st**	*tú llevas*	ihr bring-**t**	*vosotros lleváis*
er/sie/es bring-**t**	*él/ella lleva*	sie bring-**en**	*ellos llevan*

LA TERCERA PERSONA DEL SINGULAR EXPRESADA CON ES Y MAN

El pronombre personal **es** (neutro) se emplea como sujeto de los verbos impersonales:

es regnet	*llueve*	**es gefällt mir**	*me gusta*

El pronombre indefinido **man** («se») rige un verbo en la 3.ª persona del singular:

man weiß das	*se sabe*
man schweigt besser	*mejor callado*
man hilft sich, wie man kann	*se ayuda si se puede*

 LOS VERBOS AUXILIARES

Los verbos **sein**, **haben** y **werden**, además de la función de auxiliar, hacen también de cópula entre el predicado nominal y el verbal; en este caso **werden** se corresponde con el verbo español «volverse, llegar a ser».

Ich bin froh.	*Estoy contento.*	**Er wird blaß.**	*Se está poniendo pálido.*

A veces, **sein** y **werden** sólo son verbos copulativos (al igual que en español), al igual que **bleiben** *(quedarse)*, **heißen** *(llamarse)*, **scheinen** *(brillar)*.

ATENCIÓN:

En las oraciones con verbos copulativos, tanto el sujeto como el predicado verbal deben estar en caso nominativo.

Der Affe ist ein Säugetier.	*El mono es un mamífero.*
Sie will Rechtsanwältin werden.	*Quiere (llegar a) ser abogado.*
Er blieb immer ein armer Mann.	*Fue siempre un hombre pobre.*
Er hieß der Wunderarzt von Einsiedeln.	*Le llamaban el curandero de Einsiedeln.*
Er scheint ein schlechter Finanzexperte zu sein.	*Brilla por ser un inepto experto en finanzas.*

EL VERBO SEIN (SER)

INDICATIVO (INDIKATIV)

PRESENTE (PRÄSENS)

Singular	1.ª persona 2.ª persona 3.ª persona	**ich bin** *(yo soy/estoy)* **du bist** *(tú eres/estás)* **er/sie/ es ist** *(él/ella es/está)*
Plural	1.ª persona 2.ª persona 3.ª persona	**wir sind** *(nosotros somos/estamos)* **ihr seid** *(vosotros sois/estáis)* **sie/Sie sind** *(ellos son/están; usted es/está)*

PRETÉRITO IMPERFECTO (PRÄTERITUM)

Singular	1.ª persona 2.ª persona 3.ª persona	**ich war** *(yo era/estaba)* **du warst** *(tú eras/estabas)* **er/sie/es war** *(él/ella era/estaba)*
Plural	1.ª persona 2.ª persona 3.ª persona	**wir waren** *(nosotros éramos/estábamos)* **ihr wart** *(vosotros erais/estabais)* **sie/Sie waren** *(ellos eran/estaban; usted era/estaba)*

ATENCIÓN:

El pretérito (Präteritum) se corresponde con el pretérito imperfecto español.

FUTURO (FUTUR I)

Singular	1.ª persona 2.ª persona 3.ª persona	**ich werde sein** *(yo seré)* **du wirst sein** *(tú serás)* **er/sie/es wird sein** *(él/ella será)*
Plural	1.ª persona 2.ª persona 3.ª persona	**wir werden sein** *(nosotros seremos)* **ihr werdet sein** *(vosotros seréis)* **sie/Sie werden sein** *(ellos serán/usted será)*

PRETÉRITO PERFECTO (PERFEKT)

Singular	1.ª persona 2.ª persona 3.ª persona	**ich bin gewesen** *(yo he sido)* **du bist gewesen** *(tú has sido)* **er/sie/es ist gewesen** *(él/ella ha sido)*
Plural	1.ª persona 2.ª persona 3.ª persona	**wir sind gewesen** *(nosotros hemos sido)* **ihr seid gewesen** *(vosotros habéis sido)* **sie/Sie sind gewesen** *(ellos han sido/usted ha sido)*

PRETÉRITO PLUSCUAMPERFECTO (PLUSQUAMPERFEKT)

Singular	1.ª persona 2.ª persona 3.ª persona	**ich war gewesen** *(yo había sido)* **du warst gewesen** *(tú habías sido)* **er/sie/es war gewesen** *(él/ella había sido)*
Plural	1.ª persona 2.ª persona 3.ª persona	**wir waren gewesen** *(nosotros habíamos sido)* **ihr wart gewesen** *(vosotros habíais sido)* **sie/Sie waren gewesen** *(ellos habían sido/usted había sido)*

FUTURO PERFECTO (FUTUR II)

Singular	1.ª persona 2.ª persona 3.ª persona	**ich werde gewesen sein** *(yo habré sido)* **du wirst gewesen sein** *(tú habrás sido)* **er/sie/es wird gewesen sein** *(él/ella habrá sido)*
Plural	1.ª persona 2.ª persona 3.ª persona	**wir werden gewesen sein** *(nosotros habremos sido)* **ihr werdet gewesen sein** *(vosotros habréis sido)* **sie/Sie werden gewesen sein** *(ellos habrán sido/usted habrá sido)*

IMPERATIVO (IMPERATIV)

Singular	2.ª persona	**sei** *(sé)*
Plural	1.ª persona 2.ª persona 3.ª persona	**seien wir** *(seamos)* **seid** *(sed)* **seien Sie** *(sean ellos/sea usted)*

INFINITIVO (INFINITIV)

Presente (Infinitiv I)	**sein** *(ser)*
Pasado (Infinitiv II)	**gewesen sein** *(haber sido)*

SUBJUNTIVO (KONJUNKTIV)

ATENCIÓN:

No es correcto traducir el Konjunktiv de forma esquemática, ya que casi nunca se corresponde con el subjuntivo español.

PRESENTE (KONJUNKTIV I)

Singular	1.ª persona 2.ª persona 3.ª persona	ich sei du seist er/sie/es sei
Plural	1.ª persona 2.ª persona 3.ª persona	wir seien ihr seiet sie/Sie seien

IMPERFECTO (KONJUNKTIV II)

Singular	1.ª persona 2.ª persona 3.ª persona	ich wäre du wär(e)st er/sie/es wäre
Plural	1.ª persona 2.ª persona 3.ª persona	wir wären ihr wär(e)t sie/Sie wären

PRETÉRITO PERFECTO (KONJUNKIV PERFEKT – KONJUNKTIV I)

Singular	1.ª persona 2.ª persona 3.ª persona	ich sei gewesen du seist gewesen er/sie/es sei gewesen
Plural	1.ª persona 2.ª persona 3.ª persona	wir seien gewesen ihr sei(e)t gewesen sie/Sie seien gewesen

PRETÉRITO PLUSCUAMPERFECTO (KONJUNKTIV PLUSQUAMPERFEKT – KONJUNKTIV II)

Singular	1.ª persona 2.ª persona 3.ª persona	ich wäre gewesen du wärst gewesen er/sie/es wäre gewesen
Plural	1.ª persona 2.ª persona 3.ª persona	wir wären gewesen ihr wär(e)t gewesen sie/Sie wären gewesen

Del futuro simple y del futuro perfecto indicamos sólo la 2.ª y 3.ª personas del singular, que son las que se diferencian del futuro perfecto de indicativo:

FUTURO SIMPLE (KONJUNKTIV I)

Singular	2.ª pers. 3.ª pers.	du werdest sein er/sie/es werde sein

FUTURO PERFECTO (KONJUNKTIV)

Singular	2.ª pers. 3.ª pers.	du werdest gewesen sein er/sie/es werde gewesen sein

El futuro perfecto de subjuntivo se corresponde con el «hubiere sido» del español.

PARTICIPIO (PARTIZIP)

PARTICIPIO PRESENTE (PARTIZIP I)

seiend	*siendo*

PARTICIPIO PASADO (PARTIZIP II)

gewesen	*sido*

Con el verbo *ser* se forman los tiempos compuestos de todos los verbos de movimiento (pretérito perfecto, pluscuamperfecto y futuro perfecto).

Ich bin gegangen.	*He ido.*	**Sie waren gekommen.**	*Habrán venido.*
Wir sind lange gelaufen.	*Hemos corrido bastante.*		

PARTICULARIDAD	
El verbo sein seguido de zu + infinitivo expresa una necesidad, una obligación.	
Der Schlüssel ist morgen zu übergeben.	*La llave tiene que ser entregada mañana.*

 EL VERBO HABEN (HABER)

INDICATIVO (INDIKATIV)

PRESENTE (PRÄSENS)

Singular	1.ª persona 2.ª persona 3.ª persona	**ich habe** *(yo he)* **du hast** *(tú has)* **er/sie/es hat** *(él/ella ha)*
Plural	1.ª persona 2.ª persona 3.ª persona	**wir haben** *(nosotros hemos)* **ihr habt** *(vosotros habéis)* **sie/Sie haben** *(ellos han/usted ha)*

PRETÉRITO IMPERFECTO (PRÄTERITUM)

Singular	1.ª persona 2.ª persona 3.ª persona	**ich hatte** *(yo había)* **du hattest** *(tú habías)* **er/sie/es hatte** *(él/ella había)*
Plural	1.ª persona 2.ª persona 3.ª persona	**wir hatten** *(nosotros habíamos)* **ihr hattet** *(vosotros habíais)* **sie/Sie hatten** *(ellos habían/usted había)*

FUTURO (FUTUR I)

Singular	1.ª persona 2.ª persona 3.ª persona	**ich werde haben** *(yo habré)* **du wirst haben** *(tú habrás)* **er/sie/es wird haben** *(él/ella habrá)*
Plural	1.ª persona 2.ª persona 3.ª persona	**wir werden haben** *(nosotros habremos)* **ihr werdet haben** *(vosotros habréis)* **sie/Sie werden haben** *(ellos habrán/usted habrá)*

PRETÉRITO PERFECTO (PERFEKT)

Singular	1.ª persona 2.ª persona 3.ª persona	**ich habe gehabt** *(yo he habido)* **du hast gehabt** *(tú has habido)* **er/sie/es hat gehabt** *(él/ella ha habido)*
Plural	1.ª persona 2.ª persona 3.ª persona	**wir haben gehabt** *(nosotros hemos habido)* **ihr habt gehabt** *(vosotros habéis habido)* **sie/Sie haben gehabt** *(ellos han habido/usted ha habido)*

PRETÉRITO PLUSCUAMPERFECTO (PLUSQUAMPERFEKT)

Singular	1.ª persona 2.ª persona 3.ª persona	**ich hatte gehabt** *(yo había habido)* **du hattest gehabt** *(tú habías habido)* **er/sie/es hatte gehabt** *(él/ella había habido)*
Plural	1.ª persona 2.ª persona 3.ª persona	**wir hatten gehabt** *(nosotros habíamos habido)* **ihr hattet gehabt** *(vosotros habíais habido)* **sie/Sie hatten gehabt** *(ellos habían habido/usted había habido)*

FUTURO PERFECTO (FUTUR II)

Singular	1.ª persona 2.ª persona 3.ª persona	**ich werde gehabt haben** *(yo habré habido)* **du wirst gehabt haben** *(tú habrás habido)* **er/sie/es wird gehabt haben** *(él/ella habrá habido)*
Plural	1.ª persona 2.ª persona 3.ª persona	**wir werden gehabt haben** *(nosotros habremos habido)* **ihr werdet gehabt haben** *(vosotros habréis habido)* **sie/Sie werden gehabt haben** *(ellos habrán habido/usted habrá habido)*

IMPERATIVO (IMPERATIV)

Singular	2.ª persona	**habe** *(he)*
Plural	1.ª persona 2.ª persona 3.ª persona	**haben wir** *(hayamos)* **habt** *(habed)* **haben Sie** *(hayan)*

INFINITIVO (INFINITIV)

INFINITIVO PRESENTE (INFINITIV I)

haben	*haber*

INFINITIVO PASADO (INFINITIV II)

gehabt haben	*haber habido*

SUBJUNTIVO (KONJUNKTIV)

PRESENTE (KONJUNKTIV I)

Singular	1.ª pers. 2.ª pers. 3.ª pers.	ich habe du habest er/sie/es habe
Plural	1.ª pers. 2.ª pers. 3.ª pers.	wir haben ihr habet sie/Sie haben

IMPERFECTO (KONJUNKTIV II)

Singular	1.ª pers. 2.ª pers. 3.ª pers.	ich hätte du hättest er/sie/es hätte
Plural	1.ª pers. 2.ª pers. 3.ª pers.	wir hätten ihr hättet sie/Sie hätten

PRETÉRITO PERFECTO (KONJUNKTIV PERFEKT – KONJUNKTIV I)

Singular	1.ª pers. 2.ª pers. 3.ª pers.	ich habe gehabt du habest gehabt er/sie/es habe gehabt
Plural	1.ª pers. 2.ª pers. 3.ª pers.	wir haben gehabt ihr habet gehabt sie/Sie haben gehabt

PLUSCUAMPERFECTO (KONJUNKTIV PLUSQUAMPERFEKT – KONJUNKTIV II)

Singular	1.ª pers. 2.ª pers. 3.ª pers.	ich hätte gehabt du hättest gehabt er/sie/es hätte gehabt
Plural	1.ª pers. 2.ª pers. 3.ª pers.	wir hätten gehabt ihr hättet gehabt sie/Sie hätten gehabt

FUTURO SIMPLE (KONJUNKTIV I)

Singular	2.ª pers. 3.ª pers.	du werdest haben ier/sie/es werde haben

FUTURO PERFECTO (KONJUNKTIV II)

Singular	2.ª pers. 3.ª pers.	du werdest gehabt haben er/sie/es werde gehabt haben

PARTICIPIO (PARTIZIP)

PARTICIPIO PRESENTE (PARTIZIP PRÄSENS)	
habend	*habiendo*

PARTICIPIO PASADO (PARTIZIP PERFEKT)	
gehabt	*habido*

Con el verbo **haben** se forman los tiempos compuestos de los **verbos transitivos**, es decir, de los verbos que se construyen con un complemento directo.

Ich kaufe ein Buch.	*Yo compro un libro.*
Ich habe ein Buch gekauft.	*Yo he comprado un libro.*
Ich habe etwas gegessen.	*Yo he comido algo.*
Kürzlich habe ich sie gesehen.	*La he visto recientemente.*
Wir hatten ein langes Gespräch gehabt.	*Hemos tenido una larga conversación.*
Ihr werdet großen Hunger gehabt haben.	*Habréis pasado mucha hambre.*

Además, el verbo **haben** también se emplea en los tiempos compuestos de:

— los verbos reflexivos;

Ich habe mich gewaschen.	*Me he lavado.*

— los verbos modales;

Sie hat nicht essen wollen.	*No ha querido comer.*

— los verbos impersonales.

Es hat geschneit.	*Ha nevado.*

También se emplea para expresar una obligación.

Ich habe zu arbeiten.	*Yo he de trabajar.*

Algunos verbos pueden ser conjugados tanto con el **sein** como con el **haben**, según el significado. El verbo **folgen**, por ejemplo, cuando significa «seguir» rige el auxiliar **sein** *(ser)*, mientras que cuando significa «obedecer» rige el auxiliar **haben** *(haber)*.

Ich bin deinen Spuren gefolgt.	*He seguido tus huellas.*
Das Kind hat ihr nicht gefolgt.	*El niño no ha obedecido.*

EL VERBO WERDEN

El verbo **werden** (que literalmente significa «llegar a ser») se emplea como auxiliar para formar el futuro y la pasiva, mientras que la construcción **würde + infinito** se emplea para formar el imperfecto de subjuntivo.

INDICATIVO (INDIKATIV)

PRESENTE (PRÄSENS)

Singular	1.ª persona 2.ª persona 3.ª persona	**ich werde** *(yo llego a ser)* **du wirst** *(tú llegas a ser)* **er/sie/es wird** *(él/ella llega a ser)*
Plural	1.ª persona 2.ª persona 3.ª persona	**wir werden** *(nosotros llegamos a ser)* **ihr werdet** *(vosotros llegáis a ser)* **sie/Sie werden** *(ellos llegan a ser/usted llega a ser)*

PRETÉRITO IMPERFECTO (PRÄTERITUM)

Singular	1.ª persona 2.ª persona 3.ª persona	**ich wurde** *(yo llegaba a ser)* **du wurdest** *(tú llegabas a ser)* **er/sie/es wurde** *(él/ella llegaba a ser)*
Plural	1.ª persona 2.ª persona 3.ª persona	**wir wurden** *(nosotros llegábamos a ser)* **ihr wurdet** *(vosotros llegabais a ser)* **sie/Sie wurden** *(ellos llegaban a ser/usted llegaba a ser)*

FUTURO (FUTUR I)

Singular	1.ª persona 2.ª persona 3.ª persona	**ich werde werden** *(yo llegaré a ser)* **du wirst werden** *(tú llegarás a ser)* **er/sie/es wird werden** *(él/ella llegará a ser)*
Plural	1.ª persona 2.ª persona 3.ª persona	**wir werden werden** *(nosotros llegaremos a ser)* **ihr werdet werden** *(vosotros llegaréis a ser)* **sie/Sie werden werden** *(ellos llegarán a ser/usted llegará a ser)*

PRETÉRITO PERFECTO (PERFEKT)

Singular	1.ª persona 2.ª persona 3.ª persona	**ich bin geworden** *(yo he llegado a ser)* **du bist geworden** *(tú has llegado a ser)* **er/sie/es ist geworden** *(él/ella ha llegado a ser)*
Plural	1.ª persona 2.ª persona 3.ª persona	**wir sind geworden** *(nosotros hemos llegado a ser)* **ihr seid geworden** *(vosotros habéis llegado a ser)* **sie/Sie sind geworden** *(ellos han llegado a ser/ usted ha llegado a ser)*

PRETÉRITO PLUSCUAMPERFECTO (PLUSQUAMPERFEKT)

Singular	1.ª persona 2.ª persona 3.ª persona	**ich war geworden** *(yo había llegado a ser)* **du warst geworden** *(tú habías llegado a ser)* **er/sie/es war geworden** *(él/ella había llegado a ser)*
Plural	1.ª persona 2.ª persona 3.ª persona	**wir waren geworden** *(nosotros habíamos llegado a ser)* **ihr wart geworden** *(vosotros habíais llegado a ser)* **sie/Sie waren geworden** *(ellos habían llegado a ser/ usted había llegado a ser*

FUTURO PERFECTO (FUTUR II)

Singular	1.ª persona 2.ª persona 3.ª persona	**ich werde geworden sein** *(yo habré llegado a ser)* **du wirst geworden sein** *(tú habrás llegado a ser)* **er/sie/es wird geworden sein** *(él/ella habrá llegado a ser)*
Plural	1.ª persona 2.ª persona 3.ª persona	**wir werden geworden sein** *(nosotros habremos llegado a ser)* **ihr werdet geworden sein** *(vosotros habréis llegado a ser)* **sie/Sie werden geworden sein** *(ellos habrán llegado a ser/ usted habrá llegado a ser)*

IMPERATIVO (IMPERATIV)

Singular	2.ª persona	**werde** *(llega a ser)*
Plural	1.ª persona 2.ª persona 3.ª persona	**werden wir** *(lleguemos a ser)* **werdet** *(llegad a ser)* **werden Sie** *(llegue a ser)*

INFINITIVO (INFINITIV)

INFINITIVO PRESENTE (INFINITIV I)

werden	*llegar a ser*

INFINITIVO PASADO (INFINITIV II)

geworden sein	*haber llegado a ser*

SUBJUNTIVO (KONJUNKTIV)

PRESENTE (KONJUNKTIV I)

Singular	1.ª persona 2.ª persona 3.ª persona	ich werde du werdest er/sie/es werde
Plural	1.ª persona 2.ª persona 3.ª persona	wir werden ihr werdet sie/Sie werden

IMPERFECTO (KONJUNKTIV II)

Singular	1.ª persona 2.ª persona 3.ª persona	ich würde du würdest er/sie/es würde
Plural	1.ª persona 2.ª persona 3.ª persona	wir würden ihr würdet sie/Sie würden

PRETÉRITO PERFECTO (KONJUNKTIV PERFEKT – KONJUNKTIV I)

Singular	1.ª pers. 2.ª pers. 3.ª pers.	ich sei geworden du seist geworden er/sie/es sei geworden
Plural	1.ª pers. 2.ª pers. 3.ª pers.	wir seien geworden ihr seiet geworden sie/Sie seien geworden

PRETÉRITO PLUSCUAMPERFECTO (KONJUNKTIV PLUSQUAMPERFEKT – KONJUNKTIV II)

Singular	1.ª persona 2.ª persona 3.ª persona	ich wäre geworden du wärest geworden er/sie/es wäre geworden
Plural	1.ª persona 2.ª persona 3.ª persona	wir wären geworden ihr wäret geworden sie/Sie wären geworden

FUTURO SIMPLE (KONJUNKTIV I)

Singular	2.ª pers. 3.ª pers.	du werdest sein ier/sie/es werde sein

FUTURO PERFECTO (KONJUNKTIV II)

Singular	2.ª pers. 3.ª pers.	du werdest geworden sein er/sie/es werde geworden sein

PARTICIPIO (PARTIZIP)

PARTICIPIO PRESENTE (PARTIZIP I)

werdend	*llegando a ser*

PARTICIPIO PASADO (PARTIZIP II)

geworden	*llegado a ser*
en la pasiva toma la forma: worden	

LOS TIEMPOS

Los tiempos simples son: presente (Präsens), pretérito imperfecto (Präteritum), presente de subjuntivo (Konjunktiv I) y pretérito de subjuntivo (Konjunktiv II).

— Presente (Präsens)

Er arbeitet.	*Trabaja.*

— Pretérito imperfecto (Präteritum)

Er arbeitete.	*Trabajaba.*

— Presente de subjuntivo (Konjunktiv I)

Er arbeite.	*Trabaje.*

— Imperfecto de subjuntivo (KonjunKtiv II)

Er arbeitete/würde arbeiten.	*Trabajara o trabajase.*

En alemán, todas las otras formas son compuestas, por eso se emplean tres verbos auxiliares: **haben** *(haber)*, **sein** *(ser)* y un tercer verbo auxiliar, **werden**, que puede ser considerado el más importante, ya que sirve para formar el futuro (que en alemán es un tiempo compuesto) y la pasiva, aunque también la construcción del imperfecto de subjuntivo (**würde** + infinitivo).

— Futuro (Futur I)

Ich werde arbeiten.	*Trabajaré.*

— Pretérito perfecto (Perfekt)

Ich habe gearbeitet.	*Yo he trabajado.*

— Pretérito pluscuamperfecto (Plusquamperfekt)

Ich hatte gearbeitet.	*Había trabajado.*

— Futuro perfecto (Futur II)

Ich werde gearbeitet haben.	*Habré trabajado.*

ATENCIÓN:

En alemán, no se conoce la distinción castellana entre pretérito indefinido e imperfecto; se emplea un único tiempo, el imperfecto **(Präteritum),** para traducir ambos. También existe el pretérito perfecto, denominado **Perfekt.**

Los modos conclusos del verbo son: indicativo (situación real), subjuntivo (posibilidad, irrealidad) e imperativo (orden).

Los modos indefinidos son: infinitivo (**arbeit-en**), participio pasado (**ge-arbeit-et**) y participio presente (**arbeitend**).

El tiempo indica la cronología de la acción:

ich bleib-**e** — **presente** *(yo me quedo)*;
ich bl**ieb** — **pretérito imperfecto** *(yo me quedaba)*;
ich **werde kommen** — **futuro** *(yo me quedaré)*;
ich **bin ge**kommen — **pretérito perfecto** *(yo me he quedado)*;
ich **war ge**kommen — **pluscuamperfecto** *(yo me había quedado)*;
ich **werde ge**kommen **sein** — **futuro perfecto** *(yo me habré quedado)*.

Conviene recordar que el **imperfecto de subjuntivo** en alemán también funciona como **condicional**, ya que en alemán no hay diferencias entre subjuntivo y condicional.

Como ya se ha indicado, el sujeto en alemán no puede ser implícito, siempre debe estar explícito, por lo que es indispensable recurrir a los pronombres **(ich, du, er, sie, es, wir, ihr, sie)**, en caso de que falte un sustantivo que haga de sujeto. La forma de cortesía «usted, ustedes» se expresa mediante la 3.ª persona del plural **Sie**, escrita siempre con la incial en mayúsculas, que sirve para indicar tanto a una persona como a más de una. Naturalmente, también el verbo debe estar en 3.ª persona del plural.

Warum kommen Sie nicht gegen Abend?	*¿Por qué no viene usted esta tarde?*

Por eso es importante la conjugación de los verbos (pág. 73).

 LOS MODOS Y LOS TIEMPOS QUE MÁS SE DIFERENCIAN DEL ESPAÑOL

EL IMPERFECTO DE SUBJUNTIVO O CONDICIONAL (KONJUNKTIV II)

Como ya se ha indicado, en alemán no hay un verdadero condicional. Para expresar el condicional se emplea el imperfecto de subjuntivo (como en latín). El imperfecto de subjuntivo de los verbos débiles coincide con el pretérito imperfecto de indicativo.
Como ejemplo, conjugamos el verbo **zahlen** *(pagar)*.

ZAHLEN

		Pretérito imperfecto	**Imperfecto de subjuntivo**
Singular	1.ª pers. 2.ª pers. 3.ª pers.	ich zahlte du zahltest er/sie/es zahlte	ich zahlte du zahltest er/sie/es zahlte
Plural	1.ª pers. 2.ª pers. 3.ª pers.	wir zahlten ihr zahltet sie/Sie zahlten	wir zahlten ihr zahltet sie/Sie zahlten

En los casos en los que el imperfecto de subjuntivo y el imperfecto de indicativo coincidan, como aquí, es preferible usar la construcción **würden** + infinitivo.

ATENCIÓN:
El uso del **würden + infinitivo** en alemán es similar al *would* + infinitivo del inglés.

Ich zahlte, wenn ich Geld hätte.	*Pagaría si tuviese dinero.*
Es preferible decir:	
Ich würde zahlen, wenn ich Geld hätte.	*Pagaría si tuviese dinero.*

En el caso de los verbos fuertes, el imperfecto de subjuntivo, que expresa el condicional, se reconoce por los cambios que sufre el tema. El tema del pretérito imperfecto (Präteritum) de indicativo es con frecuencia modificado:
ich g**a**b   daba (imperfecto de indicativo)
ich g**ä**be   diera o diese (imperfecto de subjuntivo)

A la raíz del pretérito, modificada (verbos fuertes) o no modificada (verbos débiles), se añaden después las desinencias del presente de subjuntivo.
Como ejemplo, mostramos la conjugación del verbo **stehen** *(estar de pie).*

STEHEN

		Imperfecto de indicativo	Imperfecto de subjuntivo
Singular	1.ª pers.	ich stand *(estaba de pie)*	ich stünde
	2.ª pers.	du standst	du stündest
	3.ª pers.	er/sie/es stand	er/sie/es stünde
Plural	1.ª pers.	wir standen	sie stünden
	2.ª pers.	ihr standet	ihr stündet
	3.ª pers.	sie/Sie standen	sie/Sie stünden

Existen también las formas **ich stände, du ständest, er/sie/es stände, wir ständen, ihr ständet, sie ständen**.

Wenn ich mehr von der Sache verstünde, wäre ich zufriedener. *Cuando entienda mejor las cosas, seré más feliz.*
Er fährt, als ob der Teufel hinter ihm her wäre. *Conduce como si el diablo le persiguiera.*

El «Konjunktiv II» (imperfecto de subjuntivo) tiene dos variantes: «synthetisch» (simple) y con el «würde».

ich bliebe	ich würde bleiben	wir blieben	wir würden bleiben
du bliebest	du würdest bleiben	ihr bliebet	ihr würdet bleiben
er/sie/es bliebe	er/sie/es würde bleiben	sie/Sie blieben	sie/Sie würden bleiben

Si la forma del imperfecto de subjuntivo se diferencia claramente de la forma del imperfecto de indicativo, es preferible la forma simple. Más específicamente, se emplea para:

— los verbos auxiliares **sein** *(ser)*, **haben** *(haber)* y **werden** *(llegar a ser)*;
— los verbos modales;
— algunos verbos fuertes como **nehmen**, **kommen**: nähme, käme.
Para los otros casos: si la forma simple del subjuntivo de los verbos fuertes es poco clara u obsoleta, se prefiere la construcción **würden** + **infinitivo**, como con los verbos débiles.

Además, el subjuntivo se emplea también en las siguientes construcciones:

— discurso indirecto (pág. 105);

— proposiciones que expresan deseo;

Käme der Sommer doch bald!	*¡Si viniese pronto el verano!*
Wenn der Sommer doch bald käme!	*¡Si viniese pronto el verano!*

— proposiciones condicionales (irreales);

Wenn sie nicht länger blieben, wären wir froh.
Si no se quedan mucho tiempo, estaremos más contentos.

— comparaciones irreales introducidas por **als ob** o **als**.

Sie machten den Eindruck, als ob sie glücklich wären.
Daba la impresión de que eran felices.

Sie lächelte, als ob sie keine Probleme hätte.
Sonreía como si no tuviese problemas.

En estos casos, se puede usar también el presente de subjuntivo (Konjunktiv I):

Sie machten den Eindruck, als ob sie glücklich seien.
Daba la impresión de que eran felices.

— en las expresiones de cortesía;

Dürfte ich Ihnen meine Frau vorstellen?	*¿Te presento a mi mujer?*

— en afirmaciones cautelosas.

Das wäre möglich.	*Es posible.*	**Das könnte nett werden.**	*Puede ser gentil.*

EL IMPERATIVO

Recordamos algunas características del imperativo. Tiene cuatro formas: la 2.ª del singular, la 1.ª y 2.ª del plural y la forma de cortesía. En la 2.ª persona del singular del imperativo se añade a la raíz la desinencia **-e**, que con frecuencia se omite en la lengua hablada. El pronombre personal **no** se expresa.

Bleib(e) hier!	*¡Quédate aquí!* (al final de la frase se pone un símbolo exclamativo)
Lass doch den Blödsinn!	*¡Deja esa tontería!*

Cuando el tema de la raíz termina en **-d**, **-t**, **-ig**, **-m** o **-n** la **e** se mantiene.

Antworte nicht so unverschämt!	*¡No respondas tan descaradamente!*
Schütte mir dein Herz aus!	*¡Ábreme tu corazón!*

ATENCIÓN:

Los verbos fuertes que no modifican en el presente de indicativo la vocal temática en **i** o **ie** (como **kommen**/infinitivo, **du kommst**/2.ª pers. sing. del presente) forman el imperativo como los verbos débiles. Los que la modifican, conservan el cambio también en el imperativo y no se añade la **-e**.

Kommen *(venir)*	Presente de indicativo	2ª pers.	**du kommst** *(tú vienes)*
	Imperativo	2ª pers.	**komm** *(ven)*
Sprechen *(hablar)*	Presente de indicativo	2ª pers.	**du sprichst** *(tú hablas)*
	Imperativo	2ª pers.	**sprich** *(habla)*

La 1.ª persona del plural del imperativo es igual a la 1.ª personal del plural del presente de indicativo, aunque con la inversión entre el sujeto y el verbo.

Gehen wir jetzt endlich!	*¡Vamos ahora mismo!*

La 2.ª persona del plural del imperativo es igual a la 2.ª persona del plural del presente de indicativo. El pronombre personal **no** está explícito.

Kommt rasch zu uns!	*¡Venid rápido!*
Träumt etwas Schönes!	*¡Soñad cosas bonitas!*

Para la forma de cortesía, se usa la 3.ª persona del plural del presente de indicativo, invirtiendo la posición del sujeto y del verbo.

Bleiben Sie gesund!	*¡Que tenga salud!*	**Helfen Sie uns!**	*¡Le ayudamos!*

En los verbos separables, el prefijo va al final de la oración.

Fahren Sie so schnell wie möglich ab! *¡Vete lo más rápidamente posible!*

Algunas veces, las órdenes también se expresan con el infinitivo.

Aufwachen!	*¡Despertad!*	**Nicht rauchen!**	*¡No fuméis!*

CONJUGACIONES DE LOS VERBOS

A continuación, indicamos la conjugación de un verbo débil y de uno fuerte.

EL VERBO DÉBIL MACHEN (HACER)

INFINITIVO (INFINITIV)

PRESENTE (Infinitiv Präsens)

machen	*hacer*

PASADO (Infinitiv II)

gemacht haben	*haber hecho*

INDICATIVO (INDIKATIV)

PRESENTE (PRÄSENS)

Singular		Plural	
1.ª pers.	**ich mache** *(yo hago)*	1.ª pers.	**wir machen** *(nosotros hacemos)*
2.ª pers.	**du machst** *(tú haces)*	2.ª pers.	**ihr macht** *(vosotros hacéis)*
3.ª pers.	**er/sie/es macht** *(él/ella hace)*	3.ª pers.	**sie/Sie machen** *(ellos hacen/usted hace)*

PRETÉRITO IMPERFECTO (PRÄTERITUM)

Singular		Plural	
1.ª pers.	**ich machte** *(yo hacía)*	1.ª pers.	**wir machten** *(nosotros hacíamos)*
2.ª pers.	**du machtest** *(tú hacías)*	2.ª pers.	**ihr machtet** *(vosotros hacíais)*
3.ª pers.	**er/sie/es machte** *(él/ella hacía)*	3.ª pers.	**sie/Sie machten** *(ellos hacía/usted hacía)*

FUTURO SIMPLE (FUTUR I)

Singular		Plural	
1.ª pers.	**ich werde machen** *(yo haré)*	1.ª pers.	**wir werden machen** *(nosotros haremos)*
2.ª pers.	**du wirst machen** *(tú harás)*	2.ª pers.	**ihr werdet machen** *(vosotros haréis)*
3.ª pers.	**er/sie/es wird machen** *(él/ella hará)*	3.ª pers.	**sie/Sie werden machen** *(ellos harán/usted hará)*

PRETÉRITO PERFECTO (PERFEKT)

Singular		Plural	
1.ª pers.	**ich habe gemacht** *(yo he hecho)*	1.ª pers.	**wir haben gemacht** *(nosotros hemos hecho)*
2.ª pers.	**du hast gemacht** *(tú has hecho)*	2.ª pers.	**ihr habt gemacht** *(vosotros habéis hecho)*
3.ª pers.	**er/sie/es hat gemacht** *(él/ella ha hecho)*	3.ª pers.	**sie/Sie haben gemacht** *(ellos han hecho/usted ha hecho)*

PRETÉRITO PLUSCUAMPERFECTO (PLUSQUAMPERFEKT)

Singular		Plural	
1.ª pers.	**ich hatte gemacht** *(yo había hecho)*	1.ª pers.	**wir hatten gemacht** *(nosotros habíamos hecho)*
2.ª pers.	**du hattest gemacht** *(tú habías hecho)*	2.ª pers.	**ihr hattet gemacht** *(vosotros habíais hecho)*
3.ª pers.	**er/sie/es hatte gemacht** *(él/ella había hecho)*	3.ª pers.	**sie/Sie hatten gemacht** *(ellos habían hecho/ usted había hecho)*

FUTURO PERFECTO (FUTUR II)

Singular		Plural	
1.ª pers.	**ich werde gemacht haben** *(yo habré hecho)*	1.ª pers.	**wir werden gemacht haben** *(nosotros habremos hecho)*
2.ª pers.	**du wirst gemacht haben** *(tú habrás hecho)*	2.ª pers.	**ihr werdet gemacht haben** *(vosotros habréis hecho)*
3.ª pers.	**er/sie/es wird gemacht haben** *(él/ella habrá hecho)*	3.ª pers.	**sie werden gemacht haben** *(ellos habrán hecho/ usted habrá hecho)*

IMPERATIVO (IMPERATIV)

Singular		Plural		
2.ª pers.	**mach(e)** *(haz)*	1.ª pers. 2.ª pers. 3.ª pers.	**machen wir** **macht** **machen Sie**	*(hagamos)* *(haced)* *(hagan)*

Subjuntivo (Konjunktiv)

PRESENTE (PRÄSENS – KONJUNKTIV I)

Singular		Plural	
1.ª pers.	ich mache	1.ª pers.	wir machen
2.ª pers.	du machest	2.ª pers.	ihr machet
3.ª pers.	er/sie/es mache	3.ª pers.	sie/Sie machen

PRETÉRITO IMPERFECTO (PRÄTERITUM – KONJUNKTIV II)

Singular		Plural	
1.ª pers.	ich machte	1.ª pers.	wir machten
2.ª pers.	du machtest	2.ª pers.	ihr machtet
3.ª pers.	er/sie/es machte	3.ª pers.	sie/Sie machten

PRETÉRITO PERFECTO (PERFEKT – KONJUNKTIV I)

Singular		Plural	
1.ª pers.	ich habe gemacht	1.ª pers.	wir haben gemacht
2.ª pers.	du habest gemacht	2.ª pers.	ihr habet gemacht
3.ª pers.	er/sie/es habe germacht	3.ª pers.	sie/Sie haben gemacht

PRETÉRITO PLUSCUAMPERFECTO (PLUSQUAMPERFEKT – KONJUNKTIV II)

Singular		Plural	
1.ª pers.	ich hätte gemacht	1.ª pers.	wir hätten gemacht
2.ª pers.	du hättest gemacht	2.ª pers	ihr hättet gemacht
3.ª pers.	er/sie/es hätte gemacht	3.ª pers.	sie/Sie hätten gemacht

Del futuro simple y del futuro perfecto, indicamos sólo la 2.ª y 3.ª personas del singular, que son las que se diferencian del indicativo:

FUTURO SIMPLE (KONJUNKTIV I)

Singular	2.ª pers.	du werdest machen
	3.ª pers.	er/sie/es werde machen

FUTURO PERFECTO (KONJUNKTIV II)

Singular	2 ª pers.	du werdest gemacht haben
	3 ª pers.	er/sie/es werde gemacht haben

Participio (Partizip)

PRESENTE (PARTIZIP PRÄSENS)

machend	*haciendo*

PASADO (PARTIZIP PERFEKT)

gemacht	*hecho*

EL VERBO FUERTE GEHEN (IR)

INFINITIVO (INFINITIV)

PRESENTE (INFINITIV I)

gehen	*ir*

PASADO (INFINITIV PERFEKT – INFINITIV II)

gegangen sein	*haber ido*

INDICATIVO (INDIKATIV)

PRESENTE (PRÄSENS)

Singular		Plural	
1.ª pers.	**ich gehe** *(yo voy)*	1.ª pers.	**wir gehen** *(nosotros vamos)*
2.ª pers.	**du gehst** *(tú vas)*	2.ª pers.	**ihr geht** *(vosotros vais)*
3.ª pers.	**er/sie/es geht** *(él/ella va)*	3.ª pers.	**sie/Sie gehen** *(ellos van/usted va)*

PRETÉRITO IMPERFECTO (PRÄTERITUM)

Singular		Plural	
1.ª pers.	**ich ging** *(yo iba)*	1.ª pers.	**wir gingen** *(nosotros íbamos)*
2.ª pers.	**du gingst** *(tú ibas)*	2.ª pers.	**ihr gingt** *(vosotros ibais)*
3.ª pers.	**er/sie/es ging** *(él/ella iba)*	3.ª pers.	**sie/Sie gingen** *(ellos iban/usted iba)*

FUTURO SIMPLE (FUTUR I)

Singular		Plural	
1.ª pers.	**ich werde gehen** *(yo iré)*	1.ª pers.	**wir werden gehen** *(nosotros iremos)*
2.ª pers.	**du wirst gehen** *(tú irás)*	2.ª pers.	**ihr werdet gehen** *(vosotros iréis)*
3.ª pers.	**er/sie/es wird gehen** *(él/ella irá)*	3.ª pers.	**sie/Sie werden gehen** *(ellos irán/usted irá)*

PRETÉRITO PERFECTO (PERFEKT)

Singular		Plural	
1.ª pers.	**ich bin gegangen** *(yo he ido)*	1.ª pers.	**wir sind gegangen** *(nosotros hemos ido)*
2.ª pers.	**du bist gegangen** *(tú has ido)*	2.ª pers.	**ihr seid gegangen** *(vosotros habéis ido)*
3.ª pers.	**er/sie/es ist gegangen** *(él/ella ha ido)*	3.ª pers.	**sie/Sie sind gegangen** *(ellos han ido/usted ha ido)*

PRETÉRITO PLUSCUAMPERFECTO (PLUSQUAMPERFEKT)

Singular		Plural	
1.ª pers.	**ich war gegangen** *(yo había ido)*	1.ª pers.	**wir waren gegangen** *(nosotros habíamos ido)*
2.ª pers.	**du warst gegangen** *(tú habías ido)*	2.ª pers.	**ihr wart gegangen** *(vosotros habíais ido)*
3.ª pers.	**er/sie es war gegangen** *(él/ella había ido)*	3.ª pers.	**sie/Sie waren gegangen** *(ellos habían ido/usted había ido)*

FUTURO PERFECTO (FUTUR II)

Singular		Plural	
1.ª pers.	**ich werde gegangen sein** *(yo habré ido)*	1.ª pers.	**wir werden gegangen sein** *(nosotros habremos ido)*
2.ª pers.	**du wirst gegangen sein** *(tú habrás ido)*	2.ª pers.	**ihr werdet gegangen sein** *(vosotros habréis ido)*
3.ª pers.	**er/sie/es wird gegangen sein** *(él/ella habrá ido)*	3.ª pers.	**sie/Sie werden gegangen sein** *(ellos habrán ido/usted habrá ido)*

IMPERATIVO (IMPERATIV)

Singular		Plural		
2.ª pers.	**geh(e)** *(ve)*	1.ª pers. 2.ª pers. 3.ª pers.	**gehen wir** **geht** **gehen Sie**	*(vayamos)* *(id)* *(vayan)*

SUBJUNTIVO (KONJUNKTIV)

PRESENTE (PRÄSENS – KONJUNKTIV I)

Singular		Plural	
1.ª pers.	ich gehe	1.ª pers.	wir gehen
2.ª pers.	du gehest	2.ª pers.	ihr gehet
3.ª pers.	er/sie/es gehe	3.ª pers.	sie/Sie gehen

PRETÉRITO IMPERFECTO (PRÄTERITUM – KONJUNKTIV II)

Singular		Plural	
1.ª pers.	ich ginge	1.ª pers.	wir gingen
2.ª pers.	du gingest	2.ª pers.	ihr ginget
3.ª pers.	er/sie/es ginge	3.ª pers.	sie/Sie gingen

PRETÉRITO PERFECTO (PERFEKT – KONJUNKTIV I)

Singular		Plural	
1.ª pers.	ich sei gegangen	1.ª pers.	wir seien gegangen
2.ª pers.	du seist gegangen	2.ª pers.	ihr seiet gegangen
3.ª pers.	er/sie/es sei gegangen	3.ª pers.	sie/Sie seien gegangen

PRETÉRITO PLUSCUAMPERFECTO (PLUSQUAMPERFEKT – KONJUNKTIV II)

Singular		Plural	
1.ª pers.	ich wäre gegangen	1.ª pers.	wir wären gegangen
2.ª pers.	du wärest gegangen	2.ª pers.	ihr wäret gegangen
3.ª pers.	er wäre gegangen	3.ª pers.	sie/Sie wären gegangen

Del futuro simple y del futuro perfecto, indicamos sólo la 2.ª y 3.ª personas del singular, que son las que se diferencian del indicativo:

FUTURO SIMPLE (KONJUNKTIV I)

Singular	2.ª pers.	du werdest gehen
	3.ª pers.	er/sie/es werde gehen

FUTURO PERFECTO (KONJUNKTIV II)

Singular	2.ª pers.	du werdest gegangen sein
	3.ª pers.	er/sie/es werde gegangen sein

Las formas del futuro perfecto se emplean poco y no tienen traducción en castellano.

PARTICIPIO (PARTIZIP)

PRESENTE (PARTIZIP PRÄSENS – PARTIZIP I)

gehend	*yendo*

PASADO (PARTIZIP PERFEKT – PARTIZIP II)

gegangen	*ido*

ATENCIÓN:
En el apéndice hay una tabla con los verbos fuertes y mixtos más importantes.

LOS VERBOS MODALES

Los verbos modales son:
— **dürfen** = *poder, tener permiso;*
— **können** = *poder, saber, ser capaz de*;
— **müssen** = *deber, tener la obligación de* (imposición de una autoridad; expresa una necesidad física o legal);
— **sollen** = *deber* (en sentido moral);
— **wollen** = *querer*;
— **mögen** = *querer, desear algo.*

Er darf essen, soviel wie er will.	*Él puede comer todo cuanto desee.*
Das Kind kann schon gehen.	*El niño ya es capaz de andar.*
Alle Menschen müssen arbeiten.	*Todas las personas deben trabajar.*
Sollen wir wirklich zum Mittagessen kommen?	*¿Debemos ir realmente a la comida?*
Heute wollen wir feiern.	*Hoy queremos hacer fiesta.*
Wir mögen keinen Fisch essen.	*No queremos comer pescado.*

Infinitivo	Presente	Pretérito imperfecto	Participio
dürfen *(poder)*	er darf *(él puede)*	er durfte *(él podía)*	gedurft *(podido)*
können *(poder)*	er kann *(él puede)*	er konnte *(él podía)*	gekonnt *(podido)*
mögen *(querer)*	er mag *(él quiere)*	er mochte *(él quería)*	gemocht *(querido)*
müssen *(deber)*	er muss *(él debe)*	er musste *(él debía)*	gemusst *(debido)*
sollen *(deber)*	er soll *(él debe)*	er sollte *(él debía)*	gesollt *(debido)*
wollen *(querer)*	er will *(él quiere)*	er wollte *(él quería)*	gewollt *(querido)*

Los verbos modales:

— requieren el verbo auxiliar **haben** *(haber)*;

Er hatte die Übung nicht gekonnt.	*No debía saber (hacer) el ejercicio.*

— exigen un infinitivo **sin** la partícula **zu**;

Du musst dich beeilen.	*Debes apresurarte.*

— no construyen el pretérito perfecto ni el pluscuamperfecto con el participio pasado (**ge**muss**t**, **ge**woll**t**, etc.), sino con el infinitivo.

Ich habe laufen müssen.	*Yo he debido correr.*
Wir hatten kommen wollen.	*Hubiéramos querido venir.*

Además, en la oración principal el verbo modal conjugado ocupa la misma posición que cualquier otro verbo conjugado **(segunda posición)**, mientras que el **infinitivo** va **al final**.

Sie will nie mehr reisen.	*No quiere viajar nunca más.*
Er konnte nicht mehr an der Uni studieren.	*No podía estudiar más en la universidad.*

EL VERBO DÜRFEN (PODER, TENER PERMISO)

INDICATIVO (INDICATIV)

PRESENTE (PRÄSENS)

Singular		Plural	
1.ª pers.	**ich darf** *(yo puedo)*	1.ª pers.	**wir dürfen** *(nosotros podemos)*
2.ª pers.	**du darfst** *(tú puedes)*	2.ª pers.	**ihr dürft** *(vosotros podéis)*
3.ª pers.	**er/sie/es darf** *(él/ella puede)*	3.ª pers.	**sie/Sie dürfen** *(ellos pueden/usted puede)*

PRETÉRITO IMPERFECTO (PRÄTERITUM)

Singular		Plural	
1.ª pers.	**ich durfte** *(yo podía)*	1.ª pers.	**wir durften** *(nosotros podíamos)*
2.ª pers.	**du durftest** *(tú podías)*	2.ª pers.	**ihr durftet** *(vosotros podíais)*
3.ª pers.	**er/sie/es durfte** *(él/ella podía)*	3.ª pers.	**sie/Sie durften** *(ellos podían/usted podía)*

FUTURO (FUTUR I)

Singular		Plural	
1.ª pers.	**ich werde dürfen** *(yo podré)*	1.ª pers.	**wir werden dürfen** *(nosotros podremos)*
2.ª pers.	**du wirst dürfen** *(tú podrás)*	2.ª pers.	**ihr werdet dürfen** *(vosotros podréis)*
3.ª pers.	**er/sie/es wird dürfen** *(él/ella podrá)*	3.ª pers.	**sie/Sie werden dürfen** *(ellos podrán/usted podrá)*

PRETÉRITO PERFECTO (PERFEKT)

Singular		Plural	
1.ª pers.	**ich habe gedurft** *(yo he podido)*	1.ª pers.	**wir haben gedurft** *(nosotros hemos podido)*
2.ª pers.	**du hast gedurft** *(tú has podido)*	2.ª pers.	**ihr habt gedurft** *(vosotros habéis podido)*
3.ª pers.	**er/sie/es hat gedurft** *(él/ella ha podido)*	3.ª pers.	**sie/Sie haben gedurft** *(ellos han podido/usted ha podido)*

PRETÉRITO PLUSCUAMPERFECTO (PLUSQUAMPERFEKT)

Singular		Plural	
1.ª pers.	**ich hatte gedurft** *(yo había podido)*	1.ª pers.	**wir hatten gedurft** *(nosotros habíamos podido)*
2.ª pers.	**du hattest gedurft** *(tú habías podido)*	2.ª pers.	**ihr hattet gedurft** *(vosotros habíais podido)*
3.ª pers.	**er/sie/es hatte gedurft** *(él/ella había podido)*	3.ª pers.	**sie/Sie hatten gedurft** *(ellos habían podido/usted había podido)*

FUTURO PERFECTO (FUTUR II)

Singular		Plural	
1.ª pers.	**ich werde gedurft haben** *(yo habré podido)*	1.ª pers.	**wir werden gedurft haben** *(nosotros habremos podido)*
2.ª pers.	**du wirst gedurft haben** *(tú habrás podido)*	2.ª pers.	**ihr werdet gedurft haben** *(vosotros habréis podido)*
3.ª pers.	**er/sie/es wird gedurft haben** *(él/ella habrá podido)*	3.ª pers.	**sie/Sie werden gedurft haben** *(ellos habrán podido/ usted habrá podido)*

Infinitivo (Infinitiv)

PRESENTE (INFINITIV I)

dürfen	*poder* (en el sentido de tener permiso)

PASSATO (INFINITIV II)

gedurft haben	*haber podido*

Subjuntivo (Konjunktiv)

PRESENTE (KONJUNKTIV I)

Singular		**Plural**	
1.ª pers.	ich dürfe	1.ª pers.	wir dürfen
2.ª pers.	du dürfest	2.ª pers.	ihr dürfet
3.ª pers.	er/sie/es dürfe	3.ª pers.	sie/Sie dürfen

PRETÉRITO IMPERFECTO (KONJUNKTIV II)

Singular		**Plural**	
1.ª pers.	ich dürfte	1.ª pers.	wir dürften
2.ª pers.	du dürftest	2.ª pers.	ihr dürftet
3.ª pers.	er/sie/es dürfte	3.ª pers.	sie/Sie dürften

PRETÉRITO PERFECTO (PERFEKT – KONJUNKTIV I)

Singular		**Plural**	
1.ª pers.	ich habe gedurft	1.ª pers.	wir haben gedurft
2.ª pers.	du habest gedurft	2.ª pers.	ihr habet gedurft
3.ª pers.	er/sie/es habe gedurft	3.ª pers.	sie/Sie haben gedurft

PLUSCUAMPERFECTO (PLUSQUAMPERFEKT – KONJUNKTIV II – TIEMPO COMPUESTO)

Singular		**Plural**	
1.ª pers.	ich hätte gedurft	1.ª pers.	wir hätten gedurft
2.ª pers.	du hättest gedurft	2.ª pers.	ihr hättet gedurft
3.ª pers.	er/sie/es hätte gedurft	3.ª pers.	sie/Sie hätten gedurft

Del futuro simple y del futuro perfecto indicamos sólo la 2.ª y 3.ª personas del singular, que son las que se diferencian del indicativo:

FUTURO SIMPLE (KONJUNKTIV I)

Singular		
	2.ª pers.	du werdest dürfen
	3.ª pers.	er/sie/es werde dürfen

FUTURO PERFECTO (KONJUNKTIV II)

Singular		
	2.ª pers.	du werdest gedurft haben
	3.ª pers.	er/sie/es werde gedurft haben

Las formas del futuro perfecto se usan poco.

PARTICIPIO

PRESENTE (PARTIZIP PRÄSENS)	
dürfend	*pudiendo*

PASADO (PARTIZIP PERFEKT)	
gedurft	*podido*

A partir de este punto, indicamos sólo la traducción española de la 1.ª persona del singular del verbo conjugado.

EL VERBO KÖNNEN (PODER, SER CAPAZ DE)

INDICATIVO (INDIKATIV)

PRESENTE (PRÄSENS)

Singular		Plural	
1.ª pers.	ich kann *(yo puedo)*	1.ª pers.	wir können
2.ª pers.	du kannst	2.ª pers.	ihr könnt
3.ª pers.	er/sie/es kann	3.ª pers.	sie/Sie können

PRETÉRITO IMPERFECTO (PRÄTERITUM)

Singular		Plural	
1.ª pers.	ich konnte *(yo podía)*	1.ª pers.	wir konnten
2.ª pers.	du konntest	2.ª pers.	ihr konntet
3.ª pers.	er/sie/es konnte	3.ª pers.	sie/Sie können

FUTURO (FUTUR I)

Singular		Plural	
1.ª pers.	ich werde können *(yo podré)*	1.ª pers.	wir werden können
2.ª pers.	du wirst können	2.ª pers.	ihr werdet können
3.ª pers.	er/sie/es wird können	3.ª pers.	sie/Sie werden können

PRETÉRITO PERFECTO (PERFEKT)

Singular		Plural	
1.ª pers.	ich habe gekonnt *(yo he podido)*	1.ª pers.	wir haben gekonnt
2.ª pers.	du hast gekonnt	2.ª pers.	ihr habt gekonnt
3.ª pers.	er/sie/es hat gekonnt	3.ª pers.	sie/Sie haben gekonnt

PRETÉRITO PLUSCUAMPERFECTO (PLUSQUAMPERFEKT)

Singular		Plural	
1.ª pers.	ich hatte gekonnt *(yo había podido)*	1.ª pers.	wir hatten gekonnt
2.ª pers.	du hattest gekonnt	2.ª pers.	ihr hattet gekonnt
3.ª pers.	er/sie/es hatte gekonnt	3.ª pers.	sie/Sie hatten gekonnt

FUTURO PERFECTO (FUTUR II)

Singular		Plural	
1.ª pers.	ich werde gekonnt haben *(yo habré podido)*	1.ª pers.	wir werden gekonnt haben
2.ª pers.	du wirst gekonnt haben	2.ª pers.	ihr werdet gekonnt haben
3.ª pers.	er/sie/es wird gekonnt haben	3.ª pers.	sie/Sie werden gekonnt haben

INFINITIVO (INFINITIV)

PRESENTE (INFINITIV I)

können	*poder*

PASADO (INFINITIV II)

gekonnt haben	*haber podido*

SUBJUNTIVO (KONJUNKTIV)

PRESENTE (KONJUNKTIV I)

Singular		Plural	
1.ª pers.	ich könne	1.ª pers.	wir können
2.ª pers.	du könnest	2.ª pers.	ihr könnet
3.ª pers.	er/sie/es könne	3.ª pers.	sie/Sie können

PRETÉRITO IMPERFECTO (KONJUNKTIV II)

Singular		Plural	
1.ª pers.	ich könnte	1.ª pers.	wir könnten
2.ª pers.	du könntest	2.ª pers.	ihr könntet
3.ª pers.	er/sie/es könnte	3.ª pers.	sie/Sie könnten

PRETÉRITO PERFECTO (PERFEKT – KONJUNKTIV I)

Singular		Plural	
1.ª pers.	ich habe gekonnt	1.ª pers.	wir haben gekonnt
2.ª pers.	du habest gekonnt	2.ª pers.	ihr habet gekonnt
3.ª pers.	er/sie/es habe gekonnt	3.ª pers.	sie/Sie haben gekonnt

PRETÉRITO PLUSCUAMPERFECTO (PLUSQUAMPERFEKT – KONJUNKTIV II)

Singular		Plural	
1.ª pers.	ich hätte gekonnt	1.ª pers.	wir hätten gekonnt
2.ª pers.	du hättest gekonnt	2.ª pers.	ihr hättet gekonnt
3.ª pers.	er/sie/es hätte gekonnt	3.ª pers.	sie/Sie hätten gekonnt

PARTICIPIO (PARTIZIP)

PRESENTE (PARTIZIP PRÄSENS)

könnend	*pudiendo*

PASADO (PARTIZIP PERFEKT)

gekonnt	*podido*

EL VERBO MÜSSEN (DEBER)

INDICATIVO (INDIKATIV)

PRESENTE (PRÄSENS)

Singular		Plural	
1.ª pers.	ich muss *(yo debo)*	1.ª pers.	wir müssen
2.ª pers.	du musst	2.ª pers.	ihr müsst
3.ª pers.	er/sie/es muss	3.ª pers.	sie/Sie müssen

PRETÉRITO IMPERFECTO (PRÄTERITUM)

Singular		Plural	
1.ª pers.	ich musste *(yo debía)*	1.ª pers.	wir mussten
2.ª pers.	du musstest	2.ª pers.	ihr musstet
3.ª pers.	er/sie/es musste	3.ª pers.	sie/Sie mussten

FUTURO SIMPLE (FUTUR I)

Singular		Plural	
1.ª pers.	ich werde müssen *(yo deberé)*	1.ª pers.	wir werden müssen
2.ª pers.	du wirst müssen	2.ª pers.	ihr werdet müssen
3.ª pers.	er/sie/es wird müssen	3.ª pers.	sie/Sie werden müssen

PRETÉRITO PERFECTO (PERFEKT)

Singular		Plural	
1.ª pers.	ich habe gemusst *(yo he debido)*	1.ª pers.	wir haben gemusst
2.ª pers.	du hast gemusst	2.ª pers.	ihr habt gemusst
3.ª pers.	er/sie/es hat gemusst	3.ª pers.	sie/Sie haben gemusst

PRETÉRITO PLUSCUAMPERFECTO (PLUSQUAMPERFEKT)

Singular		Plural	
1.ª pers.	ich hatte gemusst *(yo había debido)*	1.ª pers.	wir hatten gemusst
2.ª pers.	du hattest gemusst	2.ª pers.	ihr hattet gemusst
3.ª pers.	er/sie/es hatte gemusst	3.ª pers.	sie/Sie hatten gemusst

FUTURO PERFECTO (FUTUR II)

Singular		Plural	
1.ª pers.	ich werde gemusst haben *(habré debido)*	1.ª pers.	wir werden gemusst haben
2.ª pers.	du wirst gemusst haben	2.ª pers.	ihr werdet gemusst haben
3.ª pers.	er/sie/es wird gemusst haben	3.ª pers.	sie/Sie werden gemusst haben

Infinitivo (Infinitiv)

PRESENTE (INFINITIV I)

müssen	*deber*

PASADO (INFINITIV II)

gemusst haben	*haber debido*

Subjuntivo (Konjunktiv)

PRESENTE (KONJUNKTIV I)

Singular		Plural	
1.ª pers.	ich müsse	1.ª pers.	wir müssen
2.ª pers.	du müssest	2.ª pers.	ihr müsset
3.ª pers.	er/sie/es müsse	3.ª pers.	sie/Sie müssen

PRETÉRITO IMPERFECTO (KONJUNKTIV II)

Singular		Plural	
1.ª pers.	ich müsste	1.ª pers.	wir müssten
2.ª pers.	du müsstest	2.ª pers.	ihr müsstet
3.ª pers.	er/sie/es müsste	3.ª pers.	sie/Sie müssten

PRETÉRITO PERFECTO (PERFEKT – KONJUNKTIV I)

Singular		Plural	
1.ª pers.	ich habe gemusst	1.ª pers.	wir haben gemusst
2.ª pers.	du habest gemusst	2.ª pers.	ihr habet gemusst
3.ª pers.	er/sie/es habe gemusst	3.ª pers.	sie/Sie haben gemusst

PRETÉRITO PLUSCUAMPERFECTO (PLUSQUAMPERFEKT – KONJUNKTIV II)

Singular		Plural	
1.ª pers.	ich hätte gemusst	1.ª pers.	wir hätten gemusst
2.ª pers.	du hättest gemusst	2.ª pers.	ihr hättet gemusst
3.ª pers.	er/sie/es hätte gemusst	3.ª pers.	sie/Sie hätten gemusst

PARTICIPIO (PARTIZIP)

PRESENTE (PARTIZIP PRÄSENS)

müssend	*debiendo*

PASADO (PARTIZIP PERFEKT)

gemusst	*debido*

EL VERBO SOLLEN (DEBER)

INDICATIVO (INDIKATIV)

PRESENTE (PRÄSENS)

Singular		Plural	
1.ª pers.	ich soll *(yo debo)*	1.ª pers.	wir sollen
2.ª pers.	du sollst	2.ª pers.	ihr sollt
3.ª pers.	er/sie/es soll	3.ª pers.	sie/Sie sollen

PRETÉRITO IMPERFECTO (PRÄTERITUM)

Singular		Plural	
1.ª pers.	ich sollte *(yo debía)*	1.ª pers.	wir sollten
2.ª pers.	du solltest	2.ª pers.	ihr solltet
3.ª pers.	er/sie/es sollte	3.ª pers.	sie/Sie sollten

FUTURO SIMPLE (FUTUR I)

Singular		Plural	
1.ª pers.	ich werde sollen *(yo deberé)*	1.ª pers.	wir werden sollen
2.ª pers.	du wirst sollen	2.ª pers.	ihr werdet sollen
3.ª pers.	er/sie/es wird sollen	3.ª pers.	sie/Sie werden sollen

PRETÉRITO PERFECTO (PERFEKT)

Singular		Plural	
1.ª pers.	ich habe gesollt *(yo he debido)*	1.ª pers.	wir haben gesollt
2.ª pers.	du hast gesollt	2.ª pers.	ihr habt gesollt
3.ª pers.	er/sie/es hat gesollt	3.ª pers.	sie/Sie haben gesollt

PRETÉRITO PLUSCUAMPERFECTO (PLUSQUAMPERFEKT)

Singular		Plural	
1.ª pers.	ich hatte gesollt *(yo había debido)*	1.ª pers.	wir hatten gesollt
2.ª pers.	du hattest gesollt	2.ª pers.	ihr hattet gesollt
3.ª pers.	er/sie/es hatte gesollt	3.ª pers.	sie/Sie hatten gesollt

FUTURO PERFECTO (FUTUR II)

Singular		Plural	
1.ª pers.	ich werde gesollt haben *(yo habré debido)*	1.ª pers.	wir werden gesollt haben
2.ª pers.	du wirst gesollt haben	2.ª pers.	ihr werdet gesollt haben
3.ª pers.	er/sie/es wird gesollt haben	3.ª pers.	sie/Sie werden gesollt haben

INFINITIVO (INFINITIV)

PRESENTE (INFINITIV I)

sollen	*deber*

PASADO (INFINITIV II)

gesollt haben	*haber debido*

SUBJUNTIVO (KONJUNKTIV)

PRESENTE (KONJUNKTIV I)

Singular		Plural	
1.ª pers.	ich solle	1.ª pers.	wir sollen
2.ª pers.	du sollest	2.ª pers.	ihr sollet
3.ª pers.	er/sie/es solle	3.ª pers.	sie/Sie sollten

PRETÉRITO IMPERFECTO (KONJUNKTIV II)

Singular		Plural	
1.ª pers.	ich sollte	1.ª pers.	wir sollten
2.ª pers.	du solltest	2.ª pers.	ihr solltet
3.ª pers.	er/sie/es sollte	3.ª pers.	sie/Sie sollten

PRETÉRITO PERFECTO (PERFEKT - KONJUNKTIV I)

Singular		Plural	
1.ª pers.	ich habe gesollt	1.ª pers.	wir haben gesollt
2.ª pers.	du habest gesollt	2.ª pers.	ihr habet gesollt
3.ª pers.	er/sie/es habe gesollt	3.ª pers.	sie/Sie haben gesollt

PRETÉRITO PLUSCUAMPERFECTO (PLUSQUAMPERFEKT – KONJUNKTIV II)

Singular		Plural	
1.ª pers.	ich hätte gesollt	1.ª pers.	wir hätten gesollt
2.ª pers.	du hättest gesollt	2.ª pers.	ihr hättet gesollt
3.ª pers.	er/sie/es hätte gesollt	3.ª pers.	sie/Sie hätten gesollt

Participio (Partizip)

PRESENTE (PARTIZIP PRÄSENS)

sollend	*debiendo*

PASADO (PARTIZIP PERFEKT)

gesollt	*debido*

EL VERBO WOLLEN (QUERER)

Indicativo (Indikativ)

PRESENTE (PRÄSENS)

Singular		Plural	
1.ª pers.	ich will *(yo quiero)*	1.ª pers.	wir wollen
2.ª pers.	du willst	2.ª pers.	ihr wollt
3.ª pers.	er/sie/es will	3.ª pers.	sie/Sie wollen

PRETÉRITO IMPERFECTO (PRÄTERITUM)

Singular		Plural	
1.ª pers.	ich wollte *(yo quería)*	1.ª pers.	wir wollten
2.ª pers.	du wolltest	2.ª pers.	ihr wolltet
3.ª pers.	er/sie/es wollte	3.ª pers.	sie/Sie wollten

FUTURO SIMPLE (FUTUR I)

Singular		Plural	
1.ª pers.	ich werde wollen *(yo querré)*	1.ª pers.	wir werden wollen
2.ª pers.	du wirst wollen	2.ª pers.	ihr werdet wollen
3.ª pers.	er/sie/es wird wollen	3.ª pers.	sie/Sie werden wollen

PRETÉRITO PERFECTO (PERFEKT)

Singular		Plural	
1.ª pers.	ich habe gewollt *(yo he querido)*	1.ª pers.	wir haben gewollt
2.ª pers.	du hast gewollt	2.ª pers.	ihr habt gewollt
3.ª pers.	er/sie/es hat gewollt	3.ª pers.	sie/Sie haben gewollt

PRETÉRITO PLUSCUAMPERFECTO (PLUSQUAMPERFEKT)

Singular		Plural	
1.ª pers.	ich hatte gewollt *(yo había querido)*	1.ª pers.	wir hatten gewollt
2.ª pers.	du hattest gewollt	2.ª pers.	ihr hattet gewollt
3.ª pers.	er/sie/es hatte gewollt	3.ª pers.	sie/Sie hatten gewollt

FUTURO PERFECTO (FUTUR II)

Singular		Plural	
1.ª pers.	ich werde gewollt haben *(yo habré querido)*	1.ª pers.	wir werden gewollt haben
2.ª pers.	du wirst gewollt haben	2.ª pers.	ihr werdet gewollt haben
3.ª pers.	er/sie/es wird gewollt haben	3.ª pers.	sie/Sie werden gewollt haben

Infinitivo

PRESENTE (INFINITIV PRÄSENS)

wollen	*querer*

PASADO (INFINITIV PERFEKT)

gewollt haben	*haber querido*

Subjuntivo (Konjunktiv)

PRESENTE (KONJUNKTIV I)

Singular		Plural	
1.ª pers.	ich wolle	1.ª pers.	wir wollen
2.ª pers.	du wollest	2.ª pers.	ihr wollet
3.ª pers.	er/sie/es wolle	3.ª pers.	sie/Sie wollen

PRETÉRITO IMPERFECTO (KONJUNKTIV II)

Singular		Plural	
1.ª pers.	ich wollte	1.ª pers.	wir wollten
2.ª pers.	du wolltest	2.ª pers.	ihr wolltet
3.ª pers.	er/sie/es wolle	3.ª pers.	sie/Sie wollten

PRETÉRITO PERFECTO (PERFEKT – KONJUNKTIV I)

Singular		Plural	
1.ª pers.	ich habe gewollt	1.ª pers.	wir haben gewollt
2.ª pers.	du habest gewollt	2.ª pers.	ihr habet gewollt
3.ª pers.	er/sie/es habe gewollt	3.ª pers.	sie haben gewollt

PRETÉRITO PLUSCUAMPERFECTO (PLUSQUAMPERFEKT – KONJUNKTIV II)

Singolare		Plurale	
1.ª pers.	ich hätte gewollt	1.ª pers.	wir hätten gewollt
2.ª pers.	du hättest gewollt	2.ª pers.	ihr hättet gewollt
3.ª pers.	er/sie/es hätte gewollt	3.ª pers.	sie/Sie hätten gewollt

Participio (Partizip)

PRESENTE (PARTIZIP PRÄSENS)

wollend	*queriendo*

PASADO (PARTIZIP PERFEKT)

gewollt	*querido*

EL VERBO MÖGEN (QUERER, DESEAR ALGO)

Existe también el verbo **möchten**, que deriva del pretérito imperfecto de subjuntivo del verbo **mögen**. **Möchten** se usa como un verbo modal propio.

Ich mag nicht mehr arbeiten.	*No quiero trabajar más.*
Ich möchte nicht mehr arbeiten.	*No querría trabajar más.*

Indicativo (Indikativ)

PRESENTE (PRÄSENS)

Singular		Plural	
1.ª pers.	ich mag *(yo quiero)*	1.ª pers.	wir mögen
2.ª pers.	du magst	2.ª pers.	ihr mögt
3.ª pers.	er/sie/es mag	3.ª pers.	sie/Sie mögen

PRETÉRITO IMPERFECTO (PRÄTERITUM)

Singular		Plural	
1.ª pers.	ich mochte *(yo quería)*	1.ª pers.	wir mochten
2.ª pers.	du mochtest	2.ª pers.	ihr mochtet
3.ª pers.	er/sie/es mochte	3.ª pers.	sie/Sie mochten

FUTURO SIMPLE (FUTUR I)

Singular		Plural	
1.ª pers.	ich werde mögen *(yo querré)*	1.ª pers.	wir werden mögen
2.ª pers.	du wirst mögen	2.ª pers.	ihr werdet mögen
3.ª pers.	er/sie/es wird mögen	3.ª pers.	sie/Sie werden mögen

PRETÉRITO PERFECTO (PERFEKT)

Singular		Plural	
1.ª pers.	ich habe gemocht *(yo he querido)*	1.ª pers.	wir haben gemocht
2.ª pers.	du hast gemocht	2.ª pers.	ihr habt gemocht
3.ª pers.	er/sie/es hat gemocht	3.ª pers.	sie/Sie haben gemocht

PRETÉRITO PLUSCUAMPERFECTO (PLUSQUAMPERFEKT)

Singular		Plural	
1.ª pers.	ich hatte gemocht *(yo había querido)*	1.ª pers.	wir hatten gemocht
2.ª pers.	du hattest gemocht	2.ª pers.	ihr hattet gemocht
3.ª pers.	er/sie/es hatte gemocht	3.ª pers.	sie/Sie hatten gemocht

FUTURO PERFECTO (FUTUR II)

Singular		Plural	
1.ª pers.	ich werde gemocht haben *(yo habré querido)*	1.ª pers.	wir werden gemocht haben
2.ª pers.	du wirst gemocht haben	2.ª pers.	ihr werdet gemocht haben
3.ª pers.	er/sie/es wird gemocht haben	3.ª pers.	sie/Sie werden gemocht haben

INFINITIVO (INFINITIV)

PRESENTE (INFINITIV I)

mögen	*querer*

PASADO (INFINITIV II)

gemocht haben	*haber querido*

SUBJUNTIVO (KONJUNKTIV)

PRESENTE (KONJUNKTIV I)

Singular		Plural	
1.ª pers.	ich möge	1.ª pers.	wir mögen
2.ª pers.	du mögest	2.ª pers.	ihr möget
3.ª pers.	er/sie/es möge	3.ª pers.	sie/Sie mögen

PRETÉRITO IMPERFECTO (KONJUNKTIV II)

Singular		Plural	
1.ª pers.	ich möchte	1.ª pers.	wir möchten
2.ª pers.	du möchtest	2.ª pers.	ihr möchtet
3.ª pers.	er/sie/es möchte	3.ª pers.	sie/Sie möchten

PRETÉRITO PERFECTO (PERFEKT – KONJUNKTIV I)

Singular		Plural	
1.ª pers.	ich habe gemocht	1.ª pers.	wir haben gemocht
2.ª pers.	du habest gemocht	2.ª pers.	ihr habet gemocht
3.ª pers.	er/sie/es habe gemocht	3.ª pers.	sie/Sie haben gemocht

PRETÉRITO PLUSCUAMPERFECTO (PLUSQUAMPERFEKT – KONJUNKTIV II)

Singular		Plural	
1.ª pers.	ich hätte gemocht	1.ª pers.	wir hätten gemocht
2.ª pers.	du hättest gemocht	2.ª pers.	ihr hättet gemocht
3.ª pers.	er/sie/es hätte gemocht	3.ª pers.	sie/Sie hätten gemocht

PARTICIPIO (PARTIZIP)

PRESENTE (PARTIZIP PRÄSENS – PARTIZIP I)

mögend	*queriendo*

PASADO (PARTIZIP PERFEKT – PARTIZIP II)

gemocht	*querido*

LOS VERBOS SEPARABLES E INSEPARABLES

En alemán, muchos verbos pueden ir precedidos de un prefijo. Según la posición del acento tónico, estos verbos son separables o inseparables. Con frecuencia, estas partículas modifican el sentido de la palabra:

suchen *(buscar)* **besuchen** *(visitar)* **kommen** *(venir)* **bekommen** *(recibir)*

Cuando estos prefijos son **átonos** y el acento recae sobre la sílaba radical del verbo simple, el verbo y su partícula son inseparables. En estos casos, el **pretérito perfecto** se hace sin el prefijo **ge-**.

LOS VERBOS INSEPARABLES

Son siempre inseparables los verbos compuestos con los siguientes prefijos: **be-**, **emp-**, **ent-**, **er-**, **ge-**, **hinter-**, **miss-**, **ver-**, **voll-**, **wider-** y **zer-**.

— **BESÙCHEN** *(visitar)*

Ich besuche meine Freunde.	*Yo visito a mis amigos.*
Ich besuchte meine Freunde.	*Yo visitaba a mis amigos.*
Ich habe meine Freunde besucht.	*Yo he visitado a mis amigos.*
Ich werde meine Freunde besuchen.	*Yo visitaré a mis amigos.*

— **EMP**FÀNGEN *(recibir)*

Ich empfange einen Besuch.	*Recibo una visita.*
Ich empfing einen Besuch.	*Recibía una visita.*
Ich habe einen Besuch empfangen.	*Yo he recibido una visita.*
Ich werde einen Besuch empfangen.	*Recibiré una visita.*

— **ENT**SCHLÌESSEN *(decidirse)*

Ich entschließe mich.	*Me decido.*	**Ich entschloss mich.**	*Me decidí.*
Ich habe mich entschlossen.	*Me he decidido.*	**Ich werde mich entschließen.**	*Me decidiré.*

— **ER**KÈNNEN *(reconocer)*

Ich erkenne ihn nicht mehr.	*No lo reconozco bien.*
Ich erkannte ihn nicht mehr.	*No lo reconocía bien.*
Ich habe ihn nicht mehr erkannt.	*No le he reconocido bien.*
Ich werde ihn nicht mehr erkennen.	*No lo reconoceré bien.*

— **GE**LINGEN *(salir bien)*

Es gelingt mir.	*Me sale bien.*	**Es gelang mir.**	*Me salía bien.*
Es ist mir gelungen.	*Me ha salido bien.*	**Es wird mir gelingen.**	*Me saldrá bien.*

— **HINTER**LEGEN *(depositar)*

Ich hinterlege das Geld.	*Deposito el dinero.*
Ich hinterlegte das Geld.	*Depositaba el dinero.*
Ich habe das Geld hinterlegt.	*He depositado el dinero.*
Ich werde das Geld hinterlegen.	*Depositaré el dinero.*

— **MISS**VERSTEHEN *(entender mal)*

Ich missverstehe deine Absicht.	*Entiendo tu intención.*
Ich missverstand deine Absicht.	*Entendía tu intención.*
Ich habe deine Absicht missverstanden.	*He entendido tu intención.*
Ich werde deine Absicht missverstehen.	*Entenderé tu intención.*

— **VER**SUCHEN *(probar)*

Ich versuche alles.	*Lo pruebo todo.*	**Ich versuchte alles.**	*Lo probaba todo.*
Ich habe alles versucht.	*Lo he probado todo.*	**Ich werde alles versuchen.**	*Lo probaré todo.*

— **VOLLENDEN** *(cumplir, terminar)*

Ich vollende das Werk.	*Termino el trabajo.*
Ich vollendete das Werk.	*Terminaba el trabajo.*
Ich habe das Werk vollendet.	*He terminado el trabajo.*
Ich werde das Werk vollenden.	*Terminaré el trabajo.*

— **WIDERSPRECHEN** (*contradecir* - rige dativo)

Ich widerspreche dem Redner.	*Contradigo al orador.*
Ich widersprach dem Redner.	*Contradecía al orador.*
Ich habe dem Redner widersprochen.	*He contradicho al orador.*
Ich werde dem Redner widersprechen.	*Contradiré al orador.*

— **ZERBRECHEN** *(romper)*

Er zerbricht alles.	*Lo rompe todo.*
Er zerbrach alles.	*Lo rompía todo.*
Er hat alles zerbrochen.	*Lo ha roto todo.*
Er wird alles zerbrechen.	*Lo romperá todo.*

Además, son inseparables los verbos compuestos por sustantivos o adjetivos, o los derivados de sustantivos o adjetivos compuestos.

– **HANDHABEN** *(manipular)* formado de «**Hand**» *(mano)* y «**haben**» *(haber)*

Ich handhabe das schon.	*Lo manipulo bien.*
Ich handhabte das schon.	*Lo manipulaba bien.*
Ich habe das schon gehandhabt.	*Lo he manipulado bien.*
Ich werde das schon handhaben.	*Lo manipularé bien.*

En alemán moderno se dice: **ich werde das schon managen** (pronunciado: mänätschen).

— **FRÜHSTÜCKEN** *(desayunar)* (del adjetivo «früh», *rápido*)

Ich früstücke immer um neun Uhr.	*Desayuno siempre a las nueve.*
Ich frühstückte immer um neun Uhr.	*Desayunaba siempre a las nueve.*
Ich habe immer um neun Uhr gefrühstückt.	*He desayunado siempre a las nueve.*
Ich werde immer um neun Uhr frühstücken.	*Desayunaré siempre a las nueve.*

— **URTEILEN** *(juzgar)* (del sustantivo **Urteil** = *juicio*)

Ein Außenstehender urteilt nicht.	*Un extranjero no juzga.*
Ein Außenstehender urteilte nicht.	*Un extranjero no juzgaba.*
Ein Außenstehender hat nicht geurteilt.	*Un extranjero no ha juzgado.*
Ein Außenstehender wird nicht urteilen.	*Un extranjero no juzgará.*

Los prefijos inseparables, al añadirse a un verbo intransitivo, lo transforman en un verbo transitivo.
El término transitivo significa que el verbo tiene un complemento directo y puede construirse también en pasiva.

Ich kaufe ein Buch.	*Compro un libro.*
Das Buch wird von mir gekauft.	*El libro es comprado por mí.*

Ejemplos de transformación con el prefijo -be.

Ich ziehe in ein neues Haus.	*Vivo en una nueva casa.*
Ich beziehe ein neues Haus.	*Vivo en una nueva casa.* (Donde Haus es el complemento directo)
Esta frase se puede transformar en pasiva:	
Das neue Haus wird von mir bezogen.	*La nueva casa es habitada por mí.*

LOS VERBOS SEPARABLES

A diferencia de los verbos inseparables, las partículas o prefijos de los verbos separables son siempre tónicas y pueden ir solas.

Veamos un ejemplo con el verbo zurückkommen *(regresar, volver)*.

Ich komme zurück.	*Vuelvo.*

Tal y como puede verse, la partícula se separa del verbo conjugado en presente, pretérito e imperativo de las oraciones principales.

El verbo conjugado se encuentra en el segundo puesto de la oración, mientras que la partícula está en el último. Entre el verbo conjugado y la partícula se introducen los complementos, los adverbios, etc.

Ich kam gestern von einer langen Reise zurück.	*Regresé ayer de un largo viaje.*

En el participio pasado, el prefijo **ge-** se coloca entre la partícula y el participio: **zurückgekommen** *(regresaba)*.

A continuación, mostramos los prefijos con los que se forman los verbos separables, indicando entre paréntesis el significado general.

ab (separación)	**acht** (atención, cuidado)
an (aproximación)	**auf** (hacia arriba)
aus (hacia el exterior)	**bei** (cerca de)
da (lugar que/cual)	**dabei** (estar en un lugar)
dafür; **dagegen** (contra)	**daheim** (en casa)
daher, **dahin**, **dahinter** (detrás)	**daneben** (al lado)
danieder (abajo)	**dar** (presentación)
daran (en el sentido de dentro)	**darauf** (encima)
darin (dentro)	**darüber**, **darunter**, **davon**, **davor**, **dazu**, **dazwischen** (en medio)
durch (a través de)	
ein (ingreso)	**einher** (dentro)
empor (hacia arriba)	**entgegen** (contra, en contra de)
entlang (a lo largo de)	**fest** (firme, consistente)
frei (libre)	**fort** (fuera, lejos)
gegenüber (enfrente)	**gleich** (igual)
heim (casa, domicilio)	**her** (aquí, acá)
herab (abajo)	**herauf** (arriba)
heraus (fuera)	**herbei**, **herein** (dentro)
herüber, **herum**, **herunter**, **hervor**, **herzu**, **hin** (alejamiento de quien habla)	**hinab** (hacia abajo)
	hinan (hacia arriba)
hinauf (hacia arriba)	**hinaus** (hacia fuera)
hindurch (a través de)	**hinein** (dentro)
hinterher (detrás)	**hinüber**, **hinunter** (al lado opuesto)
hinzu (en el sentido de unir, añadir)	**hoch** (alto)
los (inicio, despegue)	**mit** (con)
nach (hacia)	**nieder** (movimiento hacia abajo)
rad (rueda)	**statt** (en lugar de)
teil (parcial)	**tot** (muerto)
über (sobre)	**überein** (estar de acuerdo)
um (alrededor de)	**umher**, **unter** (hacia abajo)
vor (delante de)	**voran** (delante)
voraus (hacia adelante)	**vorbei** (por delante)
vorüber, **weg** (lejano)	**weiter** (más lejano)
wieder (otra vez)	**zu** (terminado)
zurecht (con razón)	**zurück** (hacia atrás, de regreso)
zusammen (juntos)	**zuvor** (en el sentido de anticipar)
zuwider (contrario)	

De lo indicado anteriormente se deduce que los prefijos pueden ser **preposiciones**, **partículas adverbiales** o **adverbios**, **adjetivos**, **nombres** o **verbos**. Mostramos un ejemplo de cada categoría:

— preposición zumachen *(cerrar)*;

Ich mache zu.	*Cierro.*	**Ich machte zu.**	*Cerraba.*
Ich habe zugemacht.	*He cerrado.*	**Ich werde zumachen.**	*Cerraré.*

— partícula adverbial abfahren *(partir, irse)*;

Ich fahre ab.	*Parto.*	**Ich fuhr ab.**	*Partía.*
Ich bin abgefahren.	*He partido.*	**Ich werde abfahren.**	*Partiré.*

— adjetivo festmachen *(establecer, fijar)*;

Ich mache fest.	*Fijo.*	**Ich machte fest.**	*Fijaba.*
Ich habe festgemacht.	*He fijado.*	**Ich werde festmachen.**	*Fijaré.*

— nombre achtgeben *(hacer caso, poner atención)*;

Ich gebe acht.	*Pongo atención.*	**Ich gab acht.**	*Ponía atención.*
Ich habe achtgegeben.	*He puesto atención.*	**Ich werde achtgeben.**	*Pondré atención.*

— verbo spazierengehen *(pasear)*;

Ich gehe spazieren.	*Paseo.*
Ich ging spazieren.	*Paseaba.*
Ich bin spazierengegangen.	*He paseado.*
Ich werde spazierengehen.	*Pasearé.*

— dazwischentreten *(intervenir)*;

Ich trete dazwischen.	*Intervengo.*	**Ich trat dazwischen**	*Intervenía.*
Ich bin dazwischengetreten.	*He intervenido.*	**Ich werde dazwischentreten**	*Intervendrá.*

— übereinstimmen *(convenir, estar de acuerdo, acordar)*;

Ich stimme überein.	*Convengo*	**Ich stimmte überein.**	*Convenía.*
Ich habe übereingestimmt.	*He convenido.*	**Ich werde übereinstimmen.**	*Convendré.*

— wiederkommen *(regresar)*.

Ich komme wieder.	*Regreso.*	**Ich kam wieder.**	*Regresaba.*
Ich bin wiedergekommen.	*He regresado.*	**Ich werde wiederkommen.**	*Regresará.*

Como excepción el verbo inseparable **wiederholen** *(repetir)*.

Ich wiederhole.	*Repito.*	**Ich habe wiederholt.**	*He repetido.*

En realidad, no existen auténticos verbos separables: se trata de una unión ortográfica de la partícula con el verbo. Los mismos alemanes dudan con frecuencia de si la forma va escrita en una o más palabras: **verloren gehen** *(andar deprisa)* o **verlorengehen**. Es normal poner la partícula al final de la oración principal cuando sigue, por ejemplo, una oración de relativo, en vez de colocarla al final de todo.

Er zeichnete alle Zeichnungen, die er finden konnte, ab.
Er zeichnete alle Zeichnungen ab, die er finden konnte. (Forma preferible)
Copiaba todos los diseños, que él traía.

VERBOS UNAS VECES SEPARABLES, OTRAS INSEPARABLES

Existen algunos verbos con la misma partícula que, según dónde recaiga el acento tónico, unas veces pueden ser inseparables y otras separables. Los verbos con los prefijos **durch** *(a través de)*, **über** *(sobre)*, **um** *(en torno a)*, **unter** *(abajo)* son separables cuando el acento tónico cae sobre el prefijo, mientras que son inseparables cuando el prefijo es átono.

DURCHSCHAUEN (adivinar, entender la intención) - inseparable

Ich durchschaue ihn.	*Entiendo su intención.*
Ich durchschaute ihn.	*Entendía su intención.*
Ich habe ihn durchschaut.	*He entendido su intención.*
Ich werde ihn durchschauen.	*Entenderé su intención.*

DURCHSCHAUEN (escudriñar, examinar) - separable

Er schaut die Akten durch.	*Examina los documentos.*
Er schaute die Akten durch.	*Examinaba los doucmentos.*
Er hat die Akten durchgeschaut.	*He examinado los documentos.*
Er wird die Akten durchschauen.	*Examinaré los documentos.*

ÜBERSETZEN (traducir) - inseparable

ich übersetze	*traduzco*	**ich übersetzte**	*traducía*
ich habe übersetzt	*he traducido*	**ich werde übersetzen**	*traduciré*

ÜBERSETZEN (atravesar) - separable

ich setze über	*atravieso*	**ich setzte über**	*atravesaba*
ich habe übergesetzt	*he atravesado*	**ich werde übersetzen**	*atravesaré*

UNTERSTELLEN (imputar) - inseparable

Sie unterstellt ihm böse Absichten.	*Ella imputa las malas intenciones.*
Sie unterstellte ihm böse Absichten.	*Ella imputaba las malas intenciones.*
Sie hat ihm böse Absichten unterstellt.	*Ella ha imputado las malas intenciones.*
Sie wird ihm böse Absichten unterstellen.	*Ella imputará las malas intenciones.*

UNTERSTELLEN (depositar) - separable

Ich stelle mein Auto in der Garage unter.	*Meto mi coche en el garaje.*
Ich stellte mein Auto in der Garage unter.	*Metía mi coche en el garaje.*
Ich habe mein Auto in der Garage untergestellt.	*He metido mi coche en el garaje.*
Ich werde mein Auto in der Garage unterstellen.	*Meteré mi coche en el garaje.*

UMREISSEN (bosquejar) - inseparable

Er umreisst den Plan.	*Él bosqueja el proyecto.*
Er umriss den Plan.	*Él bosquejaba el proyecto.*
Er hat den Plan umrissen.	*Él ha bosquejado el proyecto.*
Er wird den Plan umreissen.	*Él bosquejará el proyecto.*

UMKEHREN (regresar) - separable

ich kehre um	*yo regreso*	**ich kehrte um**	*yo regresaba*
ich bin umgekehrt	*yo he regresado*	**ich werde umkehren**	*yo regresaré*

LA PASIVA

A diferencia del español, en que la pasiva se construye con el auxiliar «ser», en alemán la pasiva se forma con el auxiliar **werden** *(llegar a ser)* y con el **participio pasado** del verbo.

Das Haus wird gebaut.	*La casa es construida.*

Todos los tiempos (presente, pretérito imperfecto, perfecto, pluscuamperfecto, futuro, futuro perfecto) son compuestos.

En alemán, también existe la forma con **sein** *(ser)* (Zustandspassiv), que indica el estado, el resultado de la acción: **Das Haus ist verkauft** *(La casa está vendida)*, mientras que la pasiva indica la acción en curso: **Das Haus wird verkauft** *(La casa es vendida)*.
El sujeto de la oración activa, como **ich** en la frase **ich verkaufe das Haus** *(Yo vendo la casa)*, se transforma en complemento agente en la oración pasiva y está introducido por **von + dativo** cuando se trata de personas.

Das Haus wird von mir verkauft.	*La casa es vendida por mí.*

Además, en la frase **Ich verkaufe den Fotoapparat** *(Yo vendo la máquina de fotos)*, el complemento directo «**den Fotoapparat**» (**acusativo** en alemán) se convierte en sujeto de la oración pasiva: **der Fotoapparat** (**nominativo** en alemán) **wird von mir verkauft**. Si el sujeto es un objeto, se transforma en complemento de causa y se traduce con **durch + acusativo**.

El **participio pasado** se coloca **al final** de la frase. Cuando hay **dos participios pasados**, como en el pretérito perfecto (uno de los verbos es el principal y el otro el auxiliar **werden**), este último se pone al final de la oración.

Das Haus ist verkauft worden.	*La casa se ha vendido.*

Los **dos participios** son «**verkauft**» *(vendida)* y «**worden**» (y no **ge-worden**), que es el **antiguo participio pasado** de «**werden**» *(llegar a ser)*.
La conjugación completa en **pasiva** del **verbo fuerte sehen** *(ver)* es la siguiente.

CONSTRUCCIÓN DE LA PASIVA (PASSIV)

INDICATIVO (INDIKATIV)

PRESENTE (PRÄSENS)

Singular	Plural
ich werde gesehen *(yo soy visto)* du wirst gesehen er/sie/es wird gesehen	wir werden gesehen ihr werdet gesehen sie/Sie werden gesehen

PRETÉRITO IMPERFECTO (PRÄTERITUM)

Singular	Plural
ich wurde gesehen *(yo era visto)* du wurdest gesehen er/sie/es wurde gesehen	wir wurden gesehen ihr wurdet gesehen sie/Sie wurden gesehen

FUTURO SIMPLE (FUTUR I)

Singular	Plural
ich werde gesehen werden *(yo seré visto)* du wirst gesehen werden er/sie/es wird gesehen werden	wir werden gesehen werden ihr werdet gesehen werden sie/Sie werden gesehen werden

PRETÉRITO PERFECTO (PERFEKT)

Singular	Plural
ich bin gesehen worden *(yo he sido visto)* du bist gesehen worden er/sie/es ist gesehen worden	wir sind gesehen worden ihr seid gesehen worden sie/Sie sind gesehen worden

PRETÉRITO PLUSCUAMPERFECTO (PLUSQUAMPERFEKT)

Singular	Plural
ich war gesehen worden *(yo había sido visto)* du warst gesehen worden er/sie/es war gesehen worden	wir waren gesehen worden ihr wart gesehen worden sie/Sie waren gesehen worden

FUTURO PERFECTO (FUTUR II)

Singular	Plural
ich werde gesehen worden sein *(habré sido visto)* du wirst gesehen worden sein er/sie/es wird gesehen worden sein	wir werden gesehen worden sein ihr werdet gesehen worden sein sie/Sie werden gesehen worden sein

Subjuntivo (Konjunktiv)

PRESENTE (KONJUNKTIV I)

Singular	Plural
ich werde gesehen du werdest gesehen er/sie/es werde gesehen	wir werden gesehen ihr werdet gesehen sie/Sie werden gesehen

PRETÉRITO IMPERFECTO (KONJUNKTIV II)

Singular	Plural
ich würde gesehen du würdest gesehen er/sie/es würde gesehen	wir würden gesehen ihr würdet gesehen sie/Sie würden gesehen

FUTURO SIMPLE (FUTUR I)

Singular	Plural
ich werde gesehen werden du werdest gesehen werden er/sie/es werde gesehen werden	wir werden gesehen werden ihr werdet gesehen werden sie/Sie werden gesehen werden

PRETÉRITO PERFECTO (PERFEKT – KONJUNKTIV I)

Singular	Plural
ich sei gesehen worden du seiest gesehen worden er/sie/es sei gesehen worden	wir seien gesehen worden ihr seiet gesehen worden sie/Sie seien gesehen worden

PRETÉRITO PLUSCUAMPERFECTO (PLUSQUAMPERFEKT – KONJUNKTIV II)

Singular	Plural
ich wäre gesehen worden du wärest gesehen worden er/sie/es wäre gesehen worden	wir wären gesehen worden ihr wäret gesehen worden sie/Sie wären gesehen worden

FUTURO PERFECTO (FUTUR II)

Esta forma, que se emplea poco o nunca, es sustituida por **würden** (**ich würde gesehen worden sein**, etc.). Por eso sólo indicamos las tres primeras personas.	**Singular**
	ich werde gesehen worden sein du werdest gesehen worden sein er/sie/es werde gesehen worden sein

Los verbos intransitivos (sin complemento directo) se pueden pasar a pasiva sólo con una forma impersonal (normalmente con **es**):

— forma activa;

Sie lachen über ihn.	*Ríen de ellos.*

— forma pasiva;

Es wird über ihn gelacht.	*Se ríen de ellos.*

— forma activa con dativo;

Wir danken ihm.	*Lo agradecemos.*

— forma pasiva que conserva el dativo.

Ihm wird von uns gedankt.	*Él nos lo agradece.*

En alemán, se usa mucho la pasiva, que normalmente se traduce con el impersonal «se». También se puede usar la construcción activa con el sujeto indefinido **man** (en español: *se*, *uno*, *la gente*).

Man lacht über ihn.	*Se ríen de él.*
Man sagt.	*Se dice.*
Man bittet um Verständnis.	*Se pide comprensión.*

También existe el imperativo en pasiva, normalmente usado en poesía y literatura, que se forma con **sein** *(ser)* + **participio pasado**, en vez de con **werden** *(llegar a ser)*.

Sei bedankt!	*¡Sé agradecido!*	**Seien wir bedankt!**	*¡Seamos agradecidos!*
Seid bedankt!	*¡Sed agradecidos!*	**Seien Sie bedankt!**	*¡Sean agradecidos!*

No se puede formar la pasiva en caso de:
— verbos auxiliares **sein** *(sein)*, **haben** *(haber)* y **werden** *(llegar a ser)*;
— verbos modales cuando funcionan como verbos autónomos;

Ich will keinen Mantel.	*No quiero el abrigo.*
Ich soll Handschuhe tragen.	*Yo debo llevar guantes.*
Pero es posible:	
Die Handschuhe sollen von mir getragen werden.	*Los guantes deben ser llevados por mí.*

— verbos impersonales (se verán en el apartado siguiente);
— verbos reflexivos y los usados como tal.

También en estos casos se usa el pronombre indeterminado **man** o la construcción con los verbos **lassen** *(dejar)*, **sein** *(ser)*, **bleiben** *(permanecer)*, **geben** *(dar)*, **gehen** *(ir)* + **zu** + **infinitivo** en lugar de los verbos modales **können** y **müssen** + **infinitivo pasivo**.

Diese Aufgabe lässt sich leicht lösen. En vez de: **Diese Aufgabe kann leicht gelöst werden.**	*Este problema se resuelve fácilmente.* *Este problema se puede resolver fácilmente.*
Der Brief ist zu frankieren. En vez de: **Der Brief muss frankiert werden.**	*La carta es para franquear.* *La carta debe ser franqueada.*
Es gibt noch vieles zu erledigen. En vez de: **Es muss noch vieles erledigt werden.**	*Todavía hay mucho por colocar.* *Todavía mucho debe ser colocado.*
Das geht zu machen. En vez de: **Das kann gemacht werden.**	*Se puede hacer.* *Esto puede hacer.*

EL DISCURSO INDIRECTO

Con el discurso indirecto se refiere un hecho presentándolo no como real, sino como referido, es decir, sólo como posible. Por lo tanto, se usan los modos de la posibilidad, es decir, el presente u otros tiempos del subjuntivo sin tener presente el tiempo de la oración principal. Contrariamente al español, el alemán no respeta la concordancia de los tiempos entre la oración principal y la subordinada. Esta última viene introducida por la conjunción **dass** *(que)*, que se puede omitir en los siguientes casos:

— presente de subjuntivo;

Er erzählte uns, dass er sehr krank sei.
Él nos contó que estuvo muy enfermo.
O **Er erzählte uns, er sei sehr krank.**

— pretérito perfecto;

In der Zeitung stand, der Stiftung habe es an Geld gefehlt.
El periódico decía que a la fundación le ha faltado dinero.

— futuro;

Er sagte, er werde in den nächsten Tagen abreisen.
Dijo que partiría en unos días.

— imperativo;

Sie rief mich an, ich solle ihr sofort die Fahrkarte besorgen.
Me telefoneó para que le llevara inmediatamente el billete.

— oración interrogativa indirecta.

Der Reisende fragte uns, ob wir die genaue Uhrzeit wüssten.
El viajero nos preguntó si sabíamos la hora exacta.

ATENCIÓN:

Las construcciones de posibilidad (presente, pretérito perfecto, futuro del subjuntivo), al igual que las del indicativo (realidad), son sustituidas por las de irrealidad (imperfecto, pluscuamperfecto de subjuntivo, condicional) para distinguir el subjuntivo del indicativo y para aclarar que se trata de un discurso indirecto.

Lo importante no es la concordancia de los tiempos, sino la posibilidad de distinguir claramente el subjuntivo (posibilidad) del indicativo (realidad); por eso los verbos pueden estar en tiempos distintos.

Sie benachrichtigen uns, sie seien unterwegs.	*Nos dicen que están de viaje.*
Sie benachrichtigten uns, sie seien unterwegs.	*Nos decían que estaban de viaje.*
Sie haben uns benachrichtigt, sie seien unterwegs.	*Nos dijeron que estaban de viaje.*

En el discurso indirecto, la oración principal y la subordinada están separadas por una coma, mientras que en un discurso directo esta debe ir entre comillas:

— discurso directo: **Wir sagten: «Am Montag haben wir Zeit für einen Termin».**
Dijimos: «El lunes tenemos tiempo para una cita».

— discurso indirecto: **Wir sagten, am Montag hätten wir Zeit für einen Termin.**
Dijimos que el lunes tendríamos tiempo para una cita.

LOS VERBOS IMPERSONALES

Es, a parte de pronombre neutro, es también el sujeto obligatorio de todos los verbos impersonales. Su auxiliar es **haben** *(haber)*, igual que en castellano.

Presente (Präsens)	Pretérito perfecto (Perfekt)
es regnet *(llueve)*	**es hat geregnet** *(ha llovido)*
es schneit *(nieva)*	**es hat geschneit** *(ha nevado)*
es donnert *(truena)*	**es hat gedonnert** *(ha tronado)*
es blitzt *(relampaguea)*	**es hat geblitzt** *(ha relampagueado)*
es hagelt *(graniza)*	**es hat gehagelt** *(ha granizado)*
es dämmert *(amanece)*	**es hat gedämmert** *(ha amanecido)*

Además, se usa **es** como sujeto en las expresiones con los verbos **sein** *(ser)* o **werden** *(llegar a ser)*.

Presente (Präsens)	Pretérito perfecto (Perfekt)
es ist dunkel *(está oscuro)*	**es ist dunkel geworden** *(ha estado oscuro)*
es wird dunkel *(se vuelve oscuro)*	**es ist dunkel geworden** *(se ha vuelto oscuro)*
es ist Nacht *(es de noche)*	**es ist Nacht geworden** *(ha sido de noche)*
es wird Nacht *(se hace de noche)*	**es ist Nacht geworden** *(se ha hecho de noche)*
es passiert etwas *(ocurre algo)*	**es ist etwas passiert** *(ha ocurrido algo)*
es gibt *(hay)*	**es hat gegeben** *(ha habido)*
das/es heißt *(que es)*	**das hat geheißen** *(que ha sido)*
es gelingt *(sale bien)*	**es ist gelungen** *(ha salido bien)*
es geht gut *(va bien)*	**es ist gut gegangen** *(ha ido bien)*

En la expresión **es gibt** *(hay)* el verbo está siempre en la 3.ª persona del singular. El caso que le sigue es el acusativo.

Es gibt viele Menschen. *Hay muchos hombres.*	**Es gibt keinen Zweifel.** *No hay dudas.*

Es geht equivale a la expresión española «va».

Wie geht es?	*¿Cómo va?*	**Wie geht's?**	*¿Cómo va?*
Es geht gut.	*Va bien.*		

Unido al **pronombre personal en dativo** equivale a «estar».

Wie geht es dir?	*¿Cómo estás?*	**Es geht mir gut.**	*Estoy bien.*

Finalmente, conozcamos las siguientes construcciones:

— con acusativo;

Es freut mich.	*Estoy contento.*	**Es wundert mich.**	*Me extraño.*

— con dativo.

Es gefällt mir.	*Me gusta.*	**Es tut mir leid.**	*No me gusta.*
Es tut mir weh.	*Me duele.*	**Es interessiert mich.**	*Me interesa.*
Es ist mir egal.	*Me da igual.*		

LOS VERBOS REFLEXIVOS (REFLEXIVVERBEN)

Los verbos reflexivos necesitan pronombres reflexivos y rigen acusativo o dativo. Los pronombres utilizados son los que indicamos en el cuadro de la derecha.
En alemán, el pronombre reflexivo se coloca inmediatamente después del verbo conjugado: **ich wasche mich** *(me lavo)*; si el verbo está en infinitivo, el pronombre reflexivo se coloca delante: **sich waschen** *(lavarse)*.

Acusativo	Dativo
mich *(me)*	**mir** *(me)*
dich *(te)*	**dir** *(te)*
sich *(se)*	**sich** *(se)*
uns *(nos)*	**uns** *(nos)*
euch *(os)*	**euch** *(os)*
sich *(se)*	**sich** *(se)*

Los verbos reflexivos forman los tiempos compuestos con **haben** *(haber)*.

Ich habe mich gefreut.	*Me he alegrado.*

La partícula negativa se coloca después del complemento.

Er ändert sich nicht mehr.	*Él no cambiará más.*
Er hat sich nicht mehr geändert.	*Él no ha cambiado.*

Principales verbos reflexivos			
sich aneignen + dat.	*apropiarse*	**sich anmaßen** + dat.	*atribuirse*
sich aufregen + ac.	*agitarse, danzar*	**sich ausbitten** + dat.	*pedir, rogar*
sich ändern + ac.	*cambiar*	**sich bemühen** + ac.	*esforzarse*
sich beeilen + ac.	*apresurarse*	**sich beruhigen** + ac.	*calmarse*
sich beschwerden + ac.	*lamentarse*	**sich beziehen** + ac.	*referirse*
sich denken + dat.	*imaginarse*	**sich einbilden** + dat.	*imaginarse*
sich empören + ac.	*indignarse*	**sich entschließen** + ac.	*decidirse*
sich erholen + ac.	*reponerse*	**sich erkälten** + ac.	*resfriarse*
sich erlauben + dat.	*permitirse*	**sich freuen** + ac.	*alegrarse*
sich gestatten + dat.	*permitirse*	**sich irren** + ac.	*equivocarse*
sich kümmern + ac.	*preocuparse*	**sich lustig machen** + ac.	*alegrarse*
sich nähern + ac.	*juntarse, acercarse*	**sich schämen** + ac.	*avergonzarse*
sich trennen + ac.	*separarse*	**sich umziehen** + ac.	*cambiarse*
sich verhalten + ac.	*comportarse*	**sich verlieben** + ac.	*enamorarse*
sich verabschieden + ac.	*despedirse*	**sich verschaffen** + dat.	*buscarse*
sich vornehmen + dat.	*proponerse*	**sich vorstellen** + dat.	*imaginarse*

En alemán, los siguientes verbos son reflexivos:

sich aufhalten	*parar*	**sich ansehen**	*mirar, ver*
sich bedanken	*agradecer*	**sich belaufen**	*ascender*
sich besinnen	*reflejar*	**sich bewerben**	*contribuir, concurrir*
sich erbarmen	*tener compasión*	**sich erbrechen**	*vomitar*
sich ereignen	*ocurrir, suceder*	**sich erfreuen an**	*gozar, disfrutar*
sich erkühnen	*arder*	**sich fürchten**	*tener miedo*
sich gedulden	*tener paciencia*	**sich getrauen**	*osar*
sich in Acht nehmen	*estar atento*	**sich stellen**	*simular, aparentar*
sich unterhalten	*conversar*	**sich unterstehen**	*osar*
sich verspäten	*tardar*	**sich verstellen**	*disimular*
sich weigern	*rehusar, denegar*	**sich zutragen**	*acaecer, ocurrir*

Los siguientes verbos no son reflexivos en alemán.

acomodarse	**platz nehmen**	*apagarse*	**erlöschen**
arrepentirse	**etwas bereuen**	*arrodillarse*	**niederknien**
bañarse	**nass werden**	*confesarse*	**beichten**
darse cuenta da	**etwas bemerken**	*derretirse*	**schmelzen**
despertarse	**aufwachen, erwachen**	*dormirse*	**einschlafen**
encaramarse, trepar	**klettern**	*enojarse*	**wütend werden**
escaparse	**entfliehen**	*establecerse*	**stehenbleiben, halten**
fiarse de alguien	**einem/auf einen vertrauen**	*hincharse*	**anschwellen**
impacientarse	**ungeduldig werdem**	*irse, largarse*	**weggehen**
lamentarse de	**klagen über**	*levantarse*	**aufstehen**
llamarse	**heißen**	*reírse de*	**spotten über**
sobresaltarse	**erschrecken**		

Algunos verbos pueden emplearse en forma activa o reflexiva.

Der Junge wäscht sich.	*El joven se lava.*
Der Junge wäscht sein Hemd.	*El joven lava su camisa.*
Ich ziehe mich an.	*Me visto.*
Ich ziehe mein neues Kleid an.	*Me pongo el vestido nuevo.*
Die Frau kämmt sich.	*La mujer se peina.*
Die Frau kämmt ihr Haar.	*La mujer peina su pelo.*

Con los **verbos recíprocos** se necesitan, como mínimo, dos personas.

Wir treffen uns.	*Nos encontramos.*	**Sie lieben sich.**	*Se amaron.*

El pronombre reflexivo puede sustituirse por el recíproco **einander** *(uno a otro)*.

Sie lieben sich - Sie lieben einander.	*Se amaron - Se amaron el uno al otro.*

En los verbos que rigen una preposición, esta se une al pronombre recíproco.

Wir unterhalten uns mit Freunden.	*Conversamos con nuestros amigos.*
Wir unterhalten uns miteinander.	*Conversamos el uno con el otro.*

Con frecuencia, se emplea también el adverbio **gegenseitig** *(mutuo, recíproco)*.

Sie stellen sich gegenseitig vor.	*Se presentaron recíprocamente.*

UNIDAD 5
LAS PREPOSICIONES

PREPOSICIONES QUE RIGEN GENITIVO

No son muchas las preposiciones que rigen genitivo:
— **während** *durante*
— **trotz** *a pesar de* (también con dativo)
— **wegen** *por, a causa de*
— **statt** *en vez de*

Während unserer Ferien hat es nur geregnet. *Durante nuestras vacaciones sólo llovió.*
Trotz unserer Anstrengung konnten wir den Gipfel nicht erreichen. *A pesar de nuestro esfuerzo, no pudimos alcanzar la cima.*
Wegen des Erdbebens brach eine Panik aus. *A causa del terremoto estalló el pánico.*
Statt des Flugzeugs mussten wir den Zug nehmen. *En vez del avión deberíamos coger el tren.*

También se dice:

Weswegen hast du Sorgen?	*¿Por qué (razones) te preocupas?*
Wegen meiner Kinder.	*Por mi hijo.*

Statt (en vez de): **statt meiner** (en vez de mi), **statt deiner** (en vez de tu), **statt seiner** (en vez de su), **statt ihrer** (en vez de su), **statt unserer** (en vez de nuestro), **statt eurer** (en vez de vuestro), **statt ihrer** (en vez de su).

Otras preposiciones que rigen **genitivo** son:

— **längs**	*a lo largo de*	— **infolge**	*debido a*
— **mittels**	*por medio de, mediante*	— **unterhalb**	*(por) debajo de*

— **oberhalb**	*(por) encima de*	— **außerhalb**	*fuera de*
— **diesseits**	*de este lado*	— **um ... willen**	*por amor de ...*
— **jenseits**	*del otro lado*	— **angesichts**	*frente a*
— **innerhalb**	*en, dentro de*	— **seitens**	*de parte de*

Längs der Donau liegen berühmte Städte. *A lo largo del Danubio hay una famosa ciudad.*
Jenseits der Alpen scheint immer die Sonne. *Al otro lado de los Alpes siempre brilla el sol.* **Innerhalb der Gefahrenzone darf man nicht rauchen.** *Dentro de la zona de riesgo no se puede fumar.*
Angesichts eures Betragens verzichten wir auf eure Freundschaft. *Frente a vuestro comportamiento, nosotros renunciamos a vuestra amistad.*
Um meiner Eltern willen will ich zurückkehren. *Quiero regresar por amor a mis padres.*
Seitens der Behörde wird nichts eingewendet. *Por parte de la autoridad no hay ninguna objeción.*

PREPOSICIONES QUE RIGEN DATIVO

Rigen dativo: **aus**, **bei**, **mit**, **nach**, **von**, **zu**.

AUS *(de)* se emplea para indicar:
— **procedencia** (lugar), y responde a las preguntas: **woher?**, **woraus?** *(¿de dónde?, ¿de qué?);*

Die Kinder kommen aus der Schule.	*Los niños vienen del colegio.*
Die Messebesucher kommen aus aller Welt.	*Los visitantes de la feria son de todo el mundo.*
Ich trinke aus einer Tasse.	*Bebo de una taza.*
Er erzählte eine Geschichte aus seiner Jugendzeit.	*Contaba una historia de su juventud.*

— **motivo**, y responde a la pregunta: **weshalb?** *(¿por qué?);*

Aus Furcht versteckt sie sich.	*Se enconde por miedo.*
Er schläft aus Langeweile.	*Duerme por aburrimiento.*

— **materia**, y responde a la pregunta: **woraus?** *(¿de qué?);*

Die Mauer ist aus Stein.	*El muro es de piedra.*
Der Ring ist aus Gold.	*El anillo es de oro.*
Aus Wasser kann man keinen Wein machen.	*Del agua no se puede hacer vino.*

BEI *(cerca de, en compañía de)* se emplea para indicar:
— **cercanía**, y responde a: **wo?** *(¿dónde?)*, **bei wem?** *(¿con quién?, ¿junto a?);*

Wiesbaden liegt bei Frankfurt.	*Wiesbaden está cerca de Frankfurt.*
Ich bleibe vorerst bei meinen Eltern.	*Mientras, me quedo con mis padres.*
Bei diesem Lehrer lerne ich nichts.	*Con este profesor no aprendo nada.*

— **contemporaneidad**, y responde a la pregunta: **wann?** *(¿cuándo?);*

Der Appetit kommt beim Essen.	*El apetito se tiene comiendo.*
Beim Beginn der Reise regnete es.	*Al principio del viaje llovía.*
Bei guter Sicht sieht man die Alpen.	*Cuando la visibilidad es buena se ven los Alpes.*

MIT *(con)* se emplea para indicar:
— **compañía**, y responde a la pregunta: **mit wem?** *(¿con quién?);*

Er spricht gerne mit seinen Brüdern.	*Él habló muy bien con su hermano.*
Der Hund geht mit allen Leuten mit.	*El perro va con todo el mundo.*
Das Kind spielt gerne mit anderen Kindern.	*El niño quiere jugar con otros niños.*

— **determinación cualificativa**, y responde a la pregunta: **welcher/welche/welches?** *(¿cuál?);*

Der Mann mit der grossen Nase.	*El hombre con la nariz grande.*
Das Kleid mit den grossen Knöpfen.	*El vestido con los botones grandes.*

— **instrumento**, y responde a la pregunta: **womit?** *(¿con qué?);*

Wir fahren mit dem Fahrrad.	*Nosotros vamos en bicicleta.*
Mit Hilfe meines Bruders konnte ich mir eine Wohnung kaufen.	*Con la ayuda de mi hermano me puedo comprar una casa.*
Mit dem Olivenöl richtet man den Salat an.	*Con aceite de oliva se aliña la ensalada.*

— **manera**, y responde a la pregunta: **wie?** *(¿cómo?);*

Mit Ausdauer kommt man zum Ziel.	*Con perseverencia se consigue el objetivo.*

NACH *(después, a, según)* se emplea para indicar:
— **dirección**, y responde a la pregunta: **wohin?** *(¿a dónde?, ¿hacia dónde?);*

Sie reisten nach Mailand.	*Viajan a Milán.*
Der Zug fährt nach Hamburg.	*El tren va a Hamburgo.*
Jetzt kommen wir endlich nach dem Süden.	*Finalmente llegamos al sur.*

— **tiempo**, y responde a la pregunta: **wann?** *(¿cuándo?);*

Nach der Arbeit gehe ich ein wenig spazieren. *Después de trabajar doy un pequeño paseo.*
Nach langem Warten gaben sie uns den Pass. *Después de una larga espera nos dieron el pasaporte.*
Er kam nach zwei Jahren im Ausland wieder nach Hause zurück. *Regresó a casa después de dos años en el extranjero.*

— **norma**, y responde a la pregunta: **wonach?** *(¿qué?, ¿según qué?);*

Der Fall ist nach dem Bürgerlichen Gesetzbuch zu lösen. *El caso debe ser resuelto según el Código Civil.*
Nach meiner Ansicht ist die Entscheidung falsch. *Según mi opinión, la decisión es errónea.*
Wer sich nicht nach der Mode kleidet, ist schlecht angesehen. *Quien no viste a la moda, está mal visto.*

VON *(de)* se emplea para indicar:
— **procedencia**, y responde a la pregunta: **woher?** *(¿de dónde?, ¿dónde?);*

Von Mailand nach Rom sind es ungefähr 600 km.	*De Milán a Roma hay unos 600 km.*
Der Reisende kommt von weit her.	*El viajero viene de lejos.*

— **pertenencia** (los siguientes casos también se pueden indicar con genitivo)

Der Staatspräsident von Italien. **Der Staatspräsident Italiens.**	*El presidente de Italia.*
Das Landhaus von meinen Freunden. **Das Landhaus meiner Freunde.**	*La casa de campo de mis amigos.*

— **agente** (sobre todo en la pasiva), y responde a: **von wem?** *(¿de quién?, ¿por quién?);*

Das Haus wird von dem Architekten gebaut.	*La casa es construida por el arquitecto.*
Die Statue stammt von einem unbekannten Künstler.	*La estatua es de un artista desconocido.*

ZU se emplea para indicar:
— **dirección** (pero no para nombres de países, lugares ni puntos cardinales), y responde a la pregunta: **wohin?** *(¿a dónde?, ¿hacia dónde?);*

Ich gehe zum (zu dem) Bäcker.	*Voy a la panadería.*
Sie fahren zum (zu dem) Bahnhof.	*Ellos van a la estación.*
Er kam nicht zu dem Rendezvous.	*No vino a la cita.*

— **propósito, intención**, y responde a la pregunta: **wozu?** *(¿a qué?, ¿para qué?);*

Zum (zu dem) Leben braucht man nicht viel. *Para vivir no se necesita mucho.*
Wir haben nichts unternommen zu diesem Zweck. *No tomamos esa decisión.*
Ich habe keine Lust zum (zu dem) Lernen. *No tengo ganas de estudiar.*

— **tiempo**, y responde a la pregunta: **wann?** *(¿cuándo?);*

Zu Ostern machen wir eine Reise.	*Para Pascua haremos un viaje.*
Kommen Sie zum ersten Mal hierher?	*¿Viene por primera vez aquí?*
Zur (zu der) Zeit meiner Eltern hatten nur wenige Personen ein Auto.	*En los tiempos de mis padres, sólo pocas personas tenían coche.*

— **estar en un lugar**, y responde a la pregunta: **wo?** *(¿dónde?).*

Ich bleibe am liebsten zu Hause.	*Prefiero estar en casa.*
Setzt Euch zu Tisch.	*Siéntate a la mesa.*
Das Münster zu Freiburg.	*La catedral de Freiburg.*

También rigen **dativo**:

— **außer** *a parte de, además de*
— **entgegen** *contra* (con frecuencia pospuesto al sustantivo)
— **gemäß** *según* (con frecuencia pospuesto al sustantivo)
— **gegenüber** *frente* (con frecuencia pospuesto al sustantivo)
— **seit** *desde*

Außer mir darf niemand hinein. *A parte de mí, no entra nadie.*
Entgegen seinen Weisungen machten sie sich auf den Weg. *Ellos están en camino a pesar de sus normas.*
Gemäß ihren Gebräuchen tragen die Frauen eine Kopfbedeckung. *Según sus costumbres las mujeres llevan un gorro.*
Ihrer Tradition gemäß sitzen die Männer im Café. *Según su tradición los hombres se sientan en el café.*
Dieser Beleidigung gegenüber muss ich reagieren. *Frente a esta ofensa debo reaccionar.*
Seit dem letzten Herbst hat sie Bronchitis. *Desde el pasado otoño tiene bronquitis.*

 PREPOSICIONES QUE RIGEN ACUSATIVO

Rigen acusativo: **durch** *(por, a través de)*, **um** *(alrededor de)*, **ohne** *(sin)*, **für** *(para, por)*, **gegen** *(contra, hacia)*, **wider** *(contra, en contra de)*.

DURCH *(por, a través de)* se emplea para indicar:
— **movimiento, dirección**, y responde a la pregunta: **wodurch?** *(¿por qué medio?, ¿cómo?)*;

Er geht mit dem Kopf durch die Wand. (Expresión alemana)	*Es un testarudo.*
Sie gehen durch dick und dünn.	*Pasan por lo más difícil.*
Geh nicht durch den Park.	*No pasar por el parque.*

— **medio**, y responde a la pregunta: **wodurch?** *(¿por qué medio?, ¿cómo?)*;

Heilt euch durch die Natur. Sie ist der größte Arzt! *Os curó la naturaleza. Es el mejor médico.*
Durch die Empfehlungen fand er eine Arbeitsstelle. *Gracias a las recomendaciones encontré un puesto de trabajo.*
Er ist durch seine Bücher berühmt geworden. *Es famoso gracias a sus libros.*

UM *(alrededor de)* se emplea para indicar:
— **lugar**, y responde a la pregunta: **worum? / wo?** *(¿en torno de qué?, ¿cómo?)*;

Um den Garten ist ein Zaun.	*En torno al jardín hay una cerca.*
Alle stehen um mich herum.	*Todos están alrededor de mí.*
Die Miete beträgt um die D 1000 pro Monat.	*El alquiler asciende a unos 1000 € al mes.*

— **tiempo**, y responde a la pregunta: **wann?** *(¿cuándo?)*;

Um Mitternacht erscheint das Schlossgespenst. *En torno a la medianoche, apareció el fantasma del castillo.*
Um diese Jahreszeit erkältet man sich. *En esta estación del año se coge frío.*
Nächstes Jahr um diese Zeit ist Riccardo schon 2 Jahre alt. *El año próximo por estas fechas Ricardo ya tendrá 2 años.*

OHNE *(sin)*

Ohne mich bitte!	*¡Sin mí, por favor!*
Ohne Geld geht garnichts.	*Sin dinero no funciona nada.*
Es gibt keine Rosen ohne Dornen.	*No hay rosas sin espinas.*

FÜR *(para, por)* se emplea para indicar:
— **en favor de**, y responde a la pregunta: **wofür?, für wen?** *(¿para qué?);*

Ich bin sehr für Sport.	*Hay mucha gente a favor del deporte.*
Für wen haltet ihr mich?	*¿Para qué me paráis?*
Für viele Menschen sind materielle Werte alles.	*Para muchas personas, los valores materiales lo son todo.*

— **a cambio de;**

Ich kaufe dir das Buch für 20 €.	*Compro el libro por 20 €.*
Für so wenig gebe ich es dir nicht.	*Para tan poco no te lo doy.*

— **expresiones idiomáticas.**

Wir tun unsere Pflicht Tag für Tag.	*Cumplimos nuestro deber cada día.*

GEGEN *(contra)* y **WIDER** (más genérico) se emplean para indicar:
— **dirección**, y responden a la pregunta: **wogegen?, gegen wen?**, *(¿contra qué?).*

Das ist gegen meine Überzeugung.	*Esto va contra mis convicciones.*
Eure Attacken sind gegen uns gerichtet.	*Vuestros ataques van contra nosotros.*
Die Eltern waren gegen das Studium ihrer Tochter.	*Los padres estaban en contra de que sus hijas fueran a la universidad.*
Wider den Feind.	*Contra el enemigo.*

PREPOSICIONES QUE RIGEN BIEN ACUSATIVO BIEN DATIVO

Las preposiciones **in** *(en, dentro de)*, **an** *(a, cerca de, en)*, **auf** *(sobre, en, a)*, **vor** *(delante de, antes de)*, **hinter** *(detrás de, detrás)*, **über** *(sobre, encima de)*, **unter** *(debajo de, entre)*, **zwischen** *(entre)* y **neben** *(junto a, al lado de)* rigen acusativo cuando se indica un movimiento de un lugar a otro, pero rigen dativo cuando indican la permanencia en un lugar o movimiento en el mismo sitio.

movimiento hacia un lugar	Permanencia o movimiento en un lugar
Acusativo	**Dativo**
Wohin? *(¿A dónde?, ¿hacia dónde?)*	**Wo?** *(¿Dónde?)*

Ich gehe <u>in meine</u> Wohnung. *Voy a mi casa.*	**Ich bin <u>in meiner</u> Wohnung.** *Estoy en mi casa.*

Er hängt das Bild an die Wand. *Él cuelga el cuadro en la pared.*	**Das Bild hängt an der Wand.** *El cuadro está colgado en la pared.*
Warum stelltst du den Computer auf den Tisch? *¿Por qué pones el ordenador sobre la mesa?*	**Der Computer steht auf dem Tisch.** *El ordenador está sobre la mesa.*
Sie geht vor den Richter. *Ella va al juez.*	**Sie steht vor dem Richter.** *Ella está delante del juez.*
Das Taxi fährt vor das Hotel. *El taxi va hasta el hotel.*	**Das Taxi steht vor dem Hotel.** *El taxi está delante del hotel.*
Die Jungen machen sich hinter die Mädchen. *Los chicos van detrás de las chicas.*	**Die Jungen sind hinter den Mädchen her.** *Los chicos están detrás de las chicas.*
Wir hängen die Lampe über den Tisch. *Cogemos la lámpara de encima de la mesa.*	**Die Lampe hängt über dem Tisch.** *La lámpara está sobre la mesa.*
Sie schreibt ihren Namen unter den Brief. *Escribe su nombre debajo de la carta.*	**Ihr Name steht unter dem Brief.** *Su nombre está debajo de la carta.*
Ich setze mich zwischen euch beide. *Me siento entre vosotros dos.*	**Ich sitze zwischen euch beiden.** *Estoy sentado entre vosotros dos.*
Ich stelle mein Motorrad neben deines. *Pongo mi moto al lado de la tuya.*	**Mein Motorrad steht neben deinem.** *Mi moto está al lado de la tuya.*

IN *(en, dentro de)* se emplea para indicar:
— **espacio cerrado**, y responde a las preguntas: **worin?, wo?, wohin?, wann?** *(¿en qué?, ¿dónde?, ¿cuándo?).*

Er war lange im (in dem) Krankenhaus. (dat.)	*Él estuvo mucho tiempo en el hospital.*
Er musste ins (in das) Krankenhaus. (ac.) **gehen**	*Él debe ir al hospital.*
Alles hat im Mai begonnen. (dat.)	*Todo ha empezado en mayo.*
Die Besucher gehen in dieses Museum. (ac.)	*Los visitantes van a ese museo.*

AN *(a, cerca de, en)* se emplea para indicar:
— **contacto directo**, **proximidad**, y responde a las preguntas: **woran?, wo?, wohin?** *(¿dónde?, ¿a qué?);*

Am (an dem) Restaurant war ein altes Schild. (dat.)	*En el restaurante había una vieja insignia.*
Heidelberg liegt am (an dem) Neckar. (dat.)	*Heidelberg está en Neckar.*
Hängt bitte eure Mäntel an die Garderobe. (ac.)	*Por favor, coged vuestros abrigos al salir.*
Fahrt schnell an den Bahnhof! (ac.)	*¡Ve deprisa a la estación!*

— **proximidad temporal**, y responde a la pregunta: **wann?** *(¿cuándo?);*

Am Sonntag geht man in die Kirche. (dat.)	*El domingo se va a la iglesia.*
Am 1. Mai ist Feiertag. (dat.)	*El 1.º de mayo es fiesta.*
Am Ende des Monats erhalten wir das Gehalt. (dat.)	*A final de mes recibimos el sueldo.*
Am ersten des Monats haben wir es schon aufgebraucht. (dat.)	*A principio de mes ya lo hemos gastado.*

— **destino**, y responde a la pregunta: **an wen?** *(¿a quién?).*

Sie schickt einen Brief an ihre Cousine. (ac.)	*Ella envía una carta a su prima.*
Er denkt oft an sie. (ac.)	*Él piensa con frecuencia en ella.*
Ihr könntet euch an ihnen ein Bespiel nehmen. (ac.)	*Podéis tomarnos como ejemplo.*
Richten Sie Ihre Worte an den Vorsitzenden! (ac.)	*Dirigió su discurso al presidente.*

AUF *(sobre, en, a)*, se emplea para indicar:
— **fundamento, base**, y responde a la pregunta: **worauf?** *(¿sobre qué?);*

Er steigt auf den Berg. (ac.)	*Él sube la montaña.*
Er sitzt auf dem Gipfel. (dat.)	*Él está sentado en la cima.*
Sie sind auf den Monte Rosa gestiegen. (ac.)	*Ellos subieron el Monte Rosa.*
Auf dem Boden liegt Papier. (dat.)	*Sobre el suelo está la carta.*

— **lugar no cerrado**, y responde a la pregunta: **wo?, wohin?** *(¿dónde?).*

Wir gehen auf der Strasse. (dat.)	*Nosotros caminamos por la calle.*
Wir gehen auf die Strasse. (ac.)	*Andamos por la calle.*
Der Apfel fällt auf die Erde. (ac.)	*La manzana cae al suelo.*
Auf dem Marktplatz sind viele Leute. (dat.)	*En la plaza del mercado hay mucha gente.*

Algunos sustantivos rigen siempre la preposición **auf**:	
Geht ihr auf die Bank? (ac.)	*¿Vais al banco?*
Geht ihr auf die Post? (ac.)	*¿Vais a la oficina postal?*
Wir fahren auf eine Insel. (ac.)	*Nosotros vamos a una isla.*
Die Jäger gehen auf die Jagd. (ac.)	*Los cazadores van a cazar.*
Bleiben sie lange auf dem Land? (dat.)	*¿Se quedan en un gran lugar?*

Der Bauer geht auf das Feld. (ac.)	*El campesino va al campo.*
Sie wollen nicht mehr auf Reisen gehen. (ac.)	*No quieren ir más de viaje.*
Auf der Messe herrschte ein Chaos. (dat.)	*En la feria reinaba el caos.*
Sie will auf ihrer Hochzeit tanzen. (dat.)	*Ella quiere bailar en su boda.*

VOR *(delante de, antes de)* se emplea para indicar:
— **posición**, y responde a la pregunta: **wo?** *(¿dónde?, ¿delante de qué?);*

Vor dem Fenster singt ein Vogel. (dat.) *Delante de la ventana canta un pájaro.*
Vor dem Regierungsgebäude ist eine Demonstration. (dat.) *Delante del edificio del gobierno hay una manifestación.*
Vor dem Landgericht muss man von einem Rechtsanwalt vertreten werden. (dat.) *Delante de los tribunales hay que estar representado por un abogado.*
Vor dem Museum stehen schöne Statuen. (dat.) *Delante del museo hay bellas estatuas.*

— **tiempo (anterioridad)**, y responde a la pregunta: **wann?** *(¿cuándo?)*. Es el contrario de **nach** *(después)*;

Vor den Ferien haben wir verschiedene Prüfungen. (dat.) *Antes de las vacaciones tenemos algunos exámenes.*
Vor dem Mittagessen müssen wir uns die Hände waschen. (dat.) *Antes de comer debemos lavarnos las manos.*
Sie können nicht vor vier Uhr hier sein. (dat.) *No podrían estar aquí antes de las cuatro.*
Vor einem Jahr war ich noch nicht so krank. (dat.) *Hace un año yo no estaba tan enfermo.*

— **causa**, y responde a la pregunta: **weswegen, weshalb?** *(¿por qué?)*.

Wir zittern vor Angst. (dat.)	*Temblamos de miedo.*
Vor lauter Freude hatten sie das Essen vergessen. (dat.)	*De tanta alegría olvidaron la comida.*
Sie weinten vor Verzweiflung. (dat.)	*Lloraron de desesperación.*
Ihr müsst euch vor dem Regen schützen. (dat.)	*Os debéis proteger de la lluvia.*

HINTER *(detrás de, detrás)* es el contrario de **vor**:

Hinter deiner Stirn wohnen böse Gedanken. (dat.) *Escondidos tus malos pensamientos.* (Literalmente: Detrás de tu frente hay malos pensamientos)

Schneewittchen hinter den Bergen bei den sieben Zwergen. (dat.) *Blancanieves dentro de la montaña de los siete enanos.*
Sie sprachen hinter unserem Rücken schlecht über uns. (dat.) *Ellos hablaban mal a nuestras espaldas.*
Hinter uns die Sintflut! *¡Nos cogió el diluvio!*

ÜBER *(sobre, encima de)* se emplea para expresar:
— **complemento di luogo**, y responde a la pregunta: **worüber?** *(¿sobre (de) qué?);*

Über dem Tisch hängt eine Lampe. (dat.)	*Sobre la mesa cuelga una lámpara.*
Er ist über alle Berge. (ac.)	*Él huye.* (Lit. Él está sobre otra montaña).
Wir hängen ein Bild über das Sofa. (ac.)	*Colgamos un cuadro sobre el sofá.*
Er glitt mit den Schlittschuhen über das Eis. (ac.)	*Él patinó sobre hielo.*

— **sentido figurado**, y responde a la pregunta: **worüber**? *(¿sobre (de) qué?);*

Worüber diskutiert ihr? (ac.)	*¿Sobre qué discutís?*
Über all dem Ärger habe ich das Einkaufen vergessen. (dat.)	*A causa del enfado olvidé hacer la comida.*
Über allen Gipfeln ist Ruh. (dat.)	*En las cumbres hay paz.* (Es un famoso verso de Goethe.)
Meine Kenntnisse über Kunst sind bescheiden. (ac.)	*Mis conocimientos de arte son escasos.*

UNTER *(debajo de, entre)* es el contrario de **über**:

Unter dem Baum ist viel Schatten. (dat.) **Der Dichter schrieb unter diesem Pseudonym.** (dat.)	*Debajo del árbol hay mucha sombra.* *El poeta escribe bajo este seudónimo.*

También se puede traducir por «entre» cuando hablamos de personas o cosas.

Er ist mir der Liebste unter allen Komponisten. (dat.) *Él es mi compositor preferido entre todos.*
Man kann unter Freunden viele Dinge erzählen. (dat.) *Entre amigos se pueden contar muchas cosas.*

ZWISCHEN zwischen *(entre)*

Man darf sich nicht in Streitereien zwischen Mann und Frau einmischen. (dat.) *No hay que meterse en una pelea entre marido y mujer.*

Unterscheidet doch zwischen Gut und Böse!	*¡Distingue entre el bien y el mal!*
Zwischen meinen Verwandten besteht seit langem Streit. (dat.)	*Entre mis parientes hay peleas de vez en cuando.*
Wer weiss, ob zwischen ihnen wieder alles gut ist. (dat.)	*Quién sabe si entre ellos va todo bien.*

NEBEN *(junto a, al lado de)*

Neben unserem Haus fliesst ein Bach. (dat.)	*Junto a nuestra casa pasa un riachuelo.*
Neben aller Arbeit muss ich auch noch einkaufen. (dat.)	*Junto a todos los trabajos, yo también debo hacer la compra.*
Du solltest neben ihr gehen, nicht hinter ihr. (dat.)	*Tú debes caminar al lado de él, no detrás.*
Setz dich neben mich! (ac.)	*¡Siéntate a mi lado!*
Kennst du den Typ neben uns? (dat.)	*¿Conoces al tipo que está a mi lado?*

LA FUSIÓN DEL ARTÍCULO CON LA PREPOSICIÓN

Para completar el apartado de las preposiciones, es necesario presentar la fusión del artículo con la preposición. Las preposiciones que se pueden fusionar con los artículos son: **in**, **an**, **bei**, **von** y **zu**. La fusión no es obligatoria y depende de la sensibilidad por la lengua (Sprachgefühl!). La fusión sólo es posible con:

— **dativo** para masculinos y neutros (con **zu** también para femeninos);

Sie sassen lange im (in+dem) Restaurant.	*Se sentaron en el restaurante.*
Am (an+dem) 24. Dezember ist Heiligabend.	*El 24 de diciembre es Nochebuena.*
Heidelberg liegt am (an+dem) Neckar.	*Heidelberg está cerca de Neckar.*
Ich habe lange beim (bei+dem) Theater gearbeitet.	*He trabajado durante mucho tiempo en el teatro.*
Wir kamen vom (von+dem) Anfang an gut mit.	*Seguimos bien hasta el principio.*
Geht ihr zum (zu+dem) Bahnhof?	*¿Va a la estación?*
Geht ihr zur (zu+der) Bank?	*¿Va al banco?*
Zur (zu+der) Wäsche brauche ich Waschpulver.	*Para lavar la ropa blanca necesito detergente.*

— **acusativo** sólo para neutros.

Wir setzen uns ans (an+das) Kaminfeuer.	*Nos sentamos cerca del fuego de la chimenea.*
Die Donau mündet ins (in+das) Schwarze Meer.	*El Danubio desemboca en el mar Negro.*

Er kletterte aufs (auf+das) Matterhorn.	*Él escaló el Cervino.*
Lindbergh flog übers (über+das) Meer nach Europa.	*Lindbergh voló sobre el mar hacia Europa.*
Die Menschen können schnell unters (unter+das) Mindesteinkommensniveau absinken. **Er ginge für sie durchs (durch+das) Feuer.**	*Los hombres pudieron bajar rápido bajo el nivel mínimo de ganancias.* *Él paso a través del fuego para ellos.*
Fürs (für+das) Fliegen muss das Kind nicht bezahlen.	*Los niños no pagan por volar.*

En determinadas expresiones, sólo se puede emplear la contracción: **am Sonntag** *(el domingo)*, **im Herbst** *(en otoño)*, **im Handel** *(en el comercio)*, **im Wasser** *(en el agua)*, **im März** *(en marzo)*, etc.

LOS VERBOS Y LAS PREPOSICIONES

Muchos verbos rigen una preposición determinada. Por ello, conviene aprendérselos junto con la preposición.

AN (en, a) + acusativo			
sich anlehnen an **denken an** **erinnern an** **schreiben an** **sich wenden an**	*apoyarse en* *pensar en* *recordar algo o a alguien* *escribir a* *volverse a, dirigirse a*	**glauben an** **grenzen an** **klopfen an** **sich erinnern an** **sich gewöhnen an**	*creer en* *confinar a* *llamar a* *acordarse de* *habituarse a*

Wir denken oft an euch.	*Pensamos con frecuencia en vosotros.*
Erinnerst du dich an den letzten Sommer.	*¿Te acuerdas del último verano?*
Nicht alle Menschen glauben an Gott.	*No todos los hombres creen en Dios.*
Schreib endlich an deine Cousine in Australien.	*Finalmente escribí a tu prima a Australia.*
Er musste sich an einen Anwalt wenden.	*Él debió dirigirse a un abogado.*

AN (en, a) + dativo			
Anstoss nehmen an **sich begeistern an** **sich freuen an** **Gefallen finden an** **hindern an** **leiden an** **es liegt an** **es mangelt an**	*escandalizarse de* *entusiasmarse por* *alegrarse de* *encontrar placer en* *impedir* *padecer de* *depender de* *faltar de*	**sich rächen an** **scheitern an** **sterben an** **teilnehmen an** **übertreffen an** **verzweifeln an** **vorbeigehen an** **zweifeln an**	*vengarse de* *fracasar en* *morir de* *participar en* *superar en* *desesperar* *pasar delante de* *dudar de*

Er hindert mich an der Karriere.	*Me obstaculizó en la carrera.*
Leidet ihr an Kopfschmerzen?	*¿Tienes dolor de cabeza?*
Es mangelt uns an Lebensmitteln.	*Faltan víveres.*
An dieser Versammlung wollen wir nicht teilnehmen.	*No queremos participar en esta asamblea.*
Hattet ihr nie an seiner Ehrlichkeit gezweifelt?	*¿Nunca habíais dudado de su honestidad?*

AUF (sobre) + acusativo			
achtgeben auf	*estar atento a*	**hoffen auf**	*esperar en*
anspielen auf	*aludir a*	**rechnen auf**	*contar con*
antworten auf	*responder a*	**trinken auf**	*beber con*
aufpassen auf	*poner atención a*	**übertragen auf**	*conferir a*
sich belaufen auf	*ascender a*	**sich verlassen auf**	*confiar en*
sich besinnen auf	*acordarse de*	**vertrauen auf**	*fiarse de*
sich beschränken auf	*limitarse a*	**verweisen auf**	*remitir a*
eifersüchtig sein auf	*estar celoso de*	**verzichten auf**	*renunciar a*
sich freuen auf	*alegrarse de*	**warten auf**	*esperar a*
hinweisen auf	*indicar*	**zählen auf**	*contar con*

Passt auf Eure Schwester auf!	*¡Prestad atención a vuestra hermana!*
Das Honorar beläuft sich auf D 800.	*El honorario asciende a 800 €.*
Die Straßenschilder sollen auf die Gefahr hinweisen.	*Las señales de la carretera deben indicar el peligro.*
Wir trinken auf das Wohl unserer Eltern.	*Bebemos a la salud de nuestros padres.*
Auf alle weiteren Schritte verzichte ich.	*Renuncio a todos mis pasos anteriores.*
Zählen Sie nicht auf meine Solidarität!	*¡No cuentan con mi solidaridad!*

AUF (sobre) + dativo			
beruhen auf	*basarse en*	**bestehen auf**	*insistir en*

Die ganze Sache beruht auf einem Irrtum.	*Todo el caso se basa en un error.*
Sie bestand auf einer Abfindung.	*Ella insistía en una indemnización.*

AUS (de) + dativo			
bestehen aus	*consistir en*	**trinken aus**	*beber de*
machen aus	*hacer de*	**übersetzen aus**	*traducir de*

Unser Körper besteht zum grossen Teil aus Wasser. *Nuestro cuerpo consta de una gran parte de agua.*
Trinkst du aus einer Tasse oder aus einem Glas? *¿Bebes en taza o en vaso?*
George hat Dantes Göttliche Kommödie aus dem Italienischen ins Deutsche übersetzt. *George ha traducido la* Divina Comedia *de Dante del italiano al alemán.*

BEI (cerca de, en compañía de) + dativo			
anfangen bei **sich aufhalten bei** **bei sich haben**	*empezar a* *entretenerse en* *llevar consigo*	**schwören bei** **verweilen bei** **wohnen bei**	*jurar por* *vivir en* *habitar (en casa de)*

Soll ich bei Adam und Eva anfangen?	*¿Debo empezar por Adán y Eva?*
Er hatte leider keinen Reisepass bei sich.	*Él no había llevado encima el pasaporte.*
Das schwören wir bei unserer Mutter.	*Juramos por nuestra madre.*
Wir wohnten bei einer russischen Familie.	*Vivíamos en casa de una familia rusa.*

FÜR (para) + acusativo			
sich begeistern für **belohnen für** **bestrafen für** **bürgen für** **danken für** **eintauschen für**	*entusiasmarse por* *recompensar por* *castigar por* *ser fiador para* *agradecer por* *cambiar por*	**halten für** **sich interessieren für** **kämpfen für** **sorgen für** **strafen für**	*considerar* *para, tener para* *interesarse por* *luchar por* *disponer de* *castigar por*

Der Sportler begeisterte sich für die Olympiade. *El deportista se entusiasmó por las Olimpiadas.*
Kinder dürfen in der Schule nicht für ihre Streiche bestraft werden. *Los niños no deben ser castigados en la escuela por sus trastadas.*
Sie dankten der Polizei für ihre Hilfe. *Ellos agradecieron a la policia (por) su ayuda.*
Würdet ihr für euer Land kämpfen? *¿Lucharíais por vuestra tierra?*
Wer fürs Alter sorgt, braucht keine Angst zu haben. *No hay que tener miedo a lo que disponga la vejez.*

MIT (con) + dativo			
sich abgeben mit	*tener trato con*	**sich beschäftigen mit**	*ocuparse en*
anfangen mit	*comenzar con, por*	**füllen mit**	*rellenar de*
aufhören mit	*terminar de, con*	**reden mit**	*hablar a, con alguien*
ausstatten mit	*proveerse de, dotarse de*	**sprechen mit**	*hablar con*
bedecken mit	*recubrir con, de*	**vereinigen mit**	*asociarse con*
sich begnügen mit	*conformarse con*	**vergleichen mit**	*comparar con*
beladen mit	*cargar de*	**versehen mit**	*proveer de*
belasten mit	*cargar con*	**versorgen mit**	*proveer de*

Mein Sohn hat schon mit der Schule angefangen. *Mi hijo ha empezado la escuela.*
Hört doch mit dem Lärm auf! *¡Termina con el estruendo!*
Die Gefangenen begnügten sich mit Wasser und Brot. *Los prisioneros se conformaban con agua y pan.*
Wir füllen die Flaschen mit dem neuen Wein. *Rellenamos las botellas con vino nuevo.*
Die deutschen Touristen vergleichen Deutschland mit Italien. *Los turistas alemanes comparan Alemania con Italia.*
In der Wüste muss man sich mit Wasser versorgen. *En el desierto hay que proveerse de agua.*

NACH (tras) + dativo			
abreisen nach	*partir para*	**sich sehnen nach**	*anhelar a*
sich begeben nach	*dirigirse a*	**stinken nach**	*apestar a*
sich erkundigen nach	*informarse de*	**streben nach**	*aspirar a*
forschen nach	*indagar para*	**suchen nach**	*buscar a*
fragen nach einem	*preguntar a/ por alguien*	**urteilen nach**	*juzgar a*
gehen nach	*ir a*	**verlangen nach**	*desear, anhelar a alguien*
sich richten nach	*amoldarse a*	**ziehen nach**	*irse a vivir a*
riechen nach	*oler a algo*	**zielen nach**	*mirar a*
schmecken nach	*tener sabor a algo*		

Die Pilger begaben sich nach dem Heiligen Berg von Varese.
Los peregrinos se dirigían a la montaña sagrada de Varese.

Sie fragten nach einem billigen Unterkommen. *Preguntaron por un alojamiento barato.*
Die Blumen rochen nach Knoblauch. *Las flores huelen a ajo.*
Das Fleisch schmeckt nach Fisch. *La carne tiene sabor a pescado.*
Wer nach oben strebt, hat gute Chancen. *Quien aspira alto, tiene una buena oportunidad.*
Er erzählte uns, er zöge nach Frankfurt. *Nos contó que se iba a vivir a Frankfurt.*

ÜBER (sobre) + acusativo			
sich ärgern über **sich beschweren über** **sich entrüsten über** **erröten über** **sich erstrecken über** **sich freuen über** **herrschen über** **klagen über** **lachen über** **nachdenken über**	*enfadarse con* *quejarse de* *escandalizarse de* *sonrojarse por* *extenderse por* *alegrarse de* *reinar, dominar* *quejarse de* *reírse de* *meditar sobre*	**spotten über** **sprechen über** **staunen über** **streiten über** **sich unterhalten über** **urteilen über** **verfügen über** **weinen über** **sich wundern über**	*burlarse de* *hablar sobre* *asombrarse de* *discutir sobre* *entretenerse con* *juzgar* *disponer de* *llorar* *asombrarse de*

Die Gäste beschwerten sich über den schlechten Service. *Los invitados se quejaban del mal servicio.*
Die Autobahnen erstrecken sich über viele Kilometer. *Los autoestopistas se extienden por muchos kilómetros.*
Die Männer wollen immer über die Frauen herrschen. *Los hombres siempre quieren dominar a las mujeres.*
Wir lachen über unsere eigene Dummheit. *Nos reímos de nuestra estupidez.*
Spottet nicht über seine Eigenheiten, sondern staunt darüber! *No os burléis de su extrañeza, sino asombraos.*
Dieser Präsident verfügt über wenig Macht. *Este presidente dispone de poco poder.*
Ich wundere mich über mich selbst. *Me asombro de mí mismo.*

UM (alrededor de) + acusativo			
sich bemühen um	*esforzarse en*	**sich handeln um**	*tratarse de*
beneiden um	*envidiar por*	**sich irren um**	*equivocarse en*
sich bewerben um	*pretender*	**kämpfen um**	*luchar para*
bitten um	*pedir, rogar alguna cosa, suplicar*	**sich kümmern um**	*cuidarse de*
		spielen um	*jugar a*
		sich streiten um	*discutir para*
bringen um	*hacer perder a alguien alguna cosa*	**weinen um**	*llorar*
		wetten um	*apostar (alguna cosa)*
flehen um	*suplicar para*		
freien um	*pedir la mano a*		

Er flehte den Richter um ein mildes Urteil an. *Suplicó al juez por una sentencia moderada.*
Es handelt sich um ein schweres Verbrechen. *Se trata de un crimen grave.*
Der Buchhalter hat sich um eine geringe Differenz geirrt. *El contable se ha equivocado en una pequeña diferencia.*
Wollen wir um 100 Mark wetten, dass ich recht habe? *Queremos apostar 100 marcos, ¿a qué tengo derecho?*

VON (de)			
abhängen von	*depender de*	**leben von**	*vivir de*
abweichen von	*apartarse de*	**sich lossagen von**	*romper con*
befreien von	*librar de*	**sich nähren von**	*alimentarse de*
benachrichtigen von	*informar de*	**reden von**	*hablar de*
erzählen von	*contar*	**schreiben von**	*escribir de*
sich freimachen von	*librarse de*	**sprechen von**	*hablar de*

Er weicht sicher nicht von seiner Meinung ab. *Él no se aparta de su opinión.*
Das Volk hat sich endlich von seinem Tyrannen befreit. *Finalmente, el pueblo se libró de su tirano.*
Sie muss nicht vom (von+dem)Arbeiten leben. *No debe vivir del trabajo.*
Die Studenten nähren sich von verschiedenen Ideologien. *Los estudiantes se alimentan de diversas ideologías.*
Er hatte sich schon lange von der kommunistischen Partei losgesagt. *Él había roto hacía mucho tiempo con el partido comunista.*
Dieser Mann spricht nur von sich selber. *Este hombre sólo habla de sí mismo.*

VOR (delante) + dativo			
erbleichen vor **erschrecken vor** **sich fürchten vor** **sich hüten vor** **klagen vor** **sich in Acht nehmen vor**	*palidecer por* *asustarse de* *tener miedo de* *preservarse de* *quejarse de* *preservarse de*	**schützen vor** **sterben vor** **warnen vor** **weinen vor** **zittern vor**	*proteger de* *morir de* *advertir de* *llorar de* *temblar de*

Das Kind erbleichte vor Schrecken, als es das Blut sah.	*Los niños palidecen de miedo cuando ven sangre.*
Fürchtet euch nicht vor mir. **Man muss sich heutzutage vor der Sonne schützen.**	*No me tengáis miedo.* *A día de hoy, hay que protegerse del sol.*
Sie meinte, sie stürbe vor Schreck. **Warum zitterst du vor Kälte?**	*Ella pensó que moría de espanto.* *¿Por qué tiemblas de frío?*

ZU (a, en) + dativo			
befördern zu **beitragen zu** **beistimmen zu** **bestimmen zu** **dienen zu** **einladen zu** **sich entschliessen zu** **ernennen zu**	*promover a* *contribuir a* *acceder a* *destinar a* *servir para* *invitar a* *decidirse a* *nombrar a*	**machen zu** **nötigen zu** **nützen zu** **verpflichten zu** **verurteilen zu** **wählen zu** **zwingen zu**	*hacer algo, alguna cosa* *obligar a* *ser útil para* *obligar a* *condenar a* *elegir a* *obligar a*

Er wurde zum Minister befördert.	*Él promueve al ministro.*
Mit deiner Spende kannst du zur Linderung des Elends beitragen.	*Con tu donación, puedes contribuir a mitigar la miseria.*
Diese Mensch ist zu Höherem bestimmt.	*Este está destinado a ser alto.*
Ihr woltet uns doch zum Essen einladen oder night?	*¿Queréis invitarnos a comer o no?*
Man hat den Bock zum Gärtner gemacht.	*Se ha escogido a la persona equivocada (Lit.: se ha puesto al carnero a hacer de jardinero)*
Wozu soll das nützen?	*¿Para qué debe servir?*
Der Kandidat meiner Partei wurde zum neuen Bürgermeister gewählt.	*El candidato de mi partido fue elegido como nuevo alcalde.*
Ich kann ihn nicht zur Ordnung zwingen.	*No puedo obligarlo a la orden.*

En el apéndice, hay un listado ordenado alfabéticamente de los verbos que rigen una determinada preposición, también se indica el caso.

UNIDAD 6
LAS CONJUNCIONES

Las proposiciones (oraciones) pueden estar unidas por particulares elementos gramaticales que se denominan conjunciones («Bindewörter» - *palabras que enlazan*). Se pueden unir dos oraciones principales o una principal y otra secundaria.
Una oración subordinada es una frase que de por sí no tiene un significado completo, y necesita de la oración principal para tener un sentido total. Las oraciones principales son introducidas por unas conjunciones determinadas —pocas, en verdad—, mientras que las subordinadas, por otras conjunciones bien diferentes.

— Dos oraciones principales:

Es regnet sehr stark und wir können nicht spazierengehen.
Llueve muy fuerte y no podemos pasear.

— Una oración principal y otra subordinada:

Es regnete so stark, dass wir nicht spazierengehen konnten.
Llovía tan fuerte que no pudimos pasear.

De estos ejemplos podemos extraer dos conjunciones: **und** (y) y **dass** (que o cual).
Es importante reconocer el tipo de conjunción, ya que de ello depende la posición del verbo.
Se distinguen conjunciones coordinantes (es decir, las dos oraciones se encuentran en el mismo nivel; el verbo se coloca en el segundo lugar) y conjunciones subordinantes (unen dos oraciones de distinto nivel; el verbo se coloca al final de la oración).

CONJUNCIONES COORDINANTES

CONJUNCIONES COORDINANTES SIN INVERSIÓN

Con las siguientes conjunciones, el verbo se coloca en 2.° lugar:

— **aber**	*pero*	— **sondern**	*sino*
— **denn**	*pues, porque*	— **und**	*y*
— **oder**	*o*		

Heute kann ich kommen, aber ich muss dann noch arbeiten. *Hoy puedo ir, pero todavía debo trabajar.*
Sie konnten nicht reisen, denn sie hatten kein Geld. *No podían viajar, porque no tenían dinero.*
Sie könnten mit dem Zug über Domodossola reisen oder sie könnten direkt über Chiasso fahren. *Podían viajar en tren a Domodossola o conducir directamente hasta Chiasso.*
Sie war nicht nur schön, sondern (sie) hatte auch wunderbare Kleider. *Ella no era guapa, sino que vestía maravillosos vestidos.*
Es regnet heute und wird bald schneien. *Hoy llueve y pronto nevará.*

CONJUNCIONES COORDINANTES CON INVERSIÓN

Con las siguientes conjunciones, el verbo también se coloca en 2.° lugar:

— **auch**	*también, además*	— **entweder ... oder**	*o... o*
— **bald ... bald**	*ora ... ora*	— **folglich**	*por consiguiente*
— **besonders**	*especialmente*	— **gewiss**	*ciertamente*
— **daher**	*por consiguiente*	— **indessen**	*entretanto*
— **da**	*como, puesto que*	— **inzwischen**	*entretanto*
— **darum**	*porque*	— **natürlich**	*naturalmente*
— **deshalb**	*por eso*	— **teils ... teils**	*en parte ... en parte*
— **doch**	*sin embargo*	— **weder ... noch**	*ni ... ni*

Wir hatten Hunger, deshalb kauften wir uns ein Pfund Obst. *Teníamos hambre, por eso compramos medio kilo de fruta.*
Dieser Mann könnte lachen, doch hat er keinen Sinn für Humor. *Este hombre podría reír, sin embargo no tiene sentido del humor.*
Entweder fahrt ihr weg oder zieht in eine andere Wohnung. *O se va o se traslada a otra casa.*

Ich las ein Buch, inzwischen hörte ich Musik. *Leía un libro, mientras escuchaba música.*
Teils wohnt er bei ihr, teils wohnt er allein. *En parte vive en su casa, en parte vive solo.*
Weder konnten wir weiter, noch konnten wir zurück. *Ni podíamos avanzar, ni regresar.*

ATENCIÓN:

Hay que tener presente la inversión del sujeto tras las conjunciones mencionadas.

CONJUNCIONES SUBORDINANTES

Con las siguientes conjunciones el verbo se coloca al final:

— **als**	*cuando*	— **obgleich**	*a pesar de que*
— **als ob**	*como si*	— **obschon**	*aunque*
— **anstatt dass**	*en vez de*	— **obwohl**	*aunque*
— **bevor**	*antes que*	— **ohne dass**	*sin que*
— **bis**	*hasta que*	— **seit**	*desde*
— **da**	*como, puesto que*	— **seitdem**	*desde que*
— **damit**	*para que*	— **sobald**	*tan pronto como*
— **dass**	*que*	— **so dass**	*de modo que*
— **ehe**	*antes de*	— **sofern**	*con tal de que*
— **falls**	*en caso (de) que*	— **solange**	*mientras*
— **indem**	*mientras*	— **trotzdem**	*sin embargo*
— **insofern**	*en cuanto que*	— **während**	*mientras*
— **je mehr... desto**	*más ... más*	— **wenn**	*si, cuando*
— **je nachdem**	*después que*	— **wie**	*como*
— **ob**	*si*		

ATENCIÓN:

Dass también se puede omitir. En ese caso, la proposición mantiene la construcción originaria de una oración afirmativa:

Er erzählte mir, er habe keine Glück in der Liebe.
Me contó que él no tenía dinero ni amor.
Er erzählte mir, dass er kein Glück in der Liebe habe. (Discurso indirecto)

Sie waren schön, als sie noch jung waren. *Eran guapos cuando todavía eran jóvenes.*
Bevor der Hahn kräht, wirst du mich verraten. *Antes de que cante el gallo, tú me traicionarás.*
Alle waren müde, da sie so schwer zu tragen hatten. *Todos estaban cansados, puesto que llevaban mucho peso.*
Die Touristen bereiten sich vor, damit sie etwas von der Reise haben. *Los turistas se preparan para retener algo (recordar) del viaje.*
Je mehr wir Sport treiben, desto besser geht es uns. *Cuanto más deporte hacemos, mejor nos encontramos.*
Der Schriftsteller wusste nicht, ob sein Werk Erfolg haben würde. *El escritor no sabía si su obra había tenido éxito.*
Obgleich wir uns nicht kannten, waren wir uns gleich sympathisch. *A pesar de que nosotros no nos conocíamos, en seguida nos caímos simpáticos.*
Solange sich das Wetter nicht ändert, soll man keine Geranien an die Fenster stellen. *Mientras el tiempo no cambie, no se deben poner los geranios en la ventana.*
Während die Sonne scheint, könnten wir schwimmen. *Mientras brille el sol, podremos nadar.*
Wenn das Wörtchen wenn nicht wär', wär' mein Vater Millionär. *Si no fuese por la palabrita «si», mi padre sería millonario.*

Tal y como se puede observar en los ejemplos, el verbo de la oración subordinada se encuentra en el último lugar; ello también se produce, si la construcción empieza con la subordinada.

Da sie so schwer zu tragen hatten, waren sie alle müde *Como llevaban mucho peso, todos estaban cansados.*

ATENCIÓN:
En alemán, se puede colocar en primer lugar la oración principal o la subordinada.

PARTE III

UNIDAD 7
LA SINTAXIS

Sintaxis **(Syntax)**, del griego *«syntaxis»*= disposición («sintasso» = orden), significa el estudio de las funciones de los diferentes elementos de las oraciones para clarificar la estructura de la frase. En alemán, el sujeto normalmente ocupa el primer lugar, el verbo conjugado el segundo, el complemento directo o indirecto el tercero y los adverbios de lugar o de manera el cuarto.
Por ejemplo, en la oración *«Los hombres son aficionados a los vicios»* hay tres sintagmas: sujeto *(«los hombres»)*, predicado verbal *(«son aficionados»)* y complemento *(«a los vicios»)*. De todas maneras, en las construcciones alemanas se es libre de poner los elementos de la frase casi a placer, dando espacio a la libertad de expresión y salida a la entonación rítmica y tónica. La única excepción es el verbo conjugado, que se coloca en segundo lugar en las oraciones afirmativas principales.
Los diferentes elementos que componen una proposición se colocan según su grado de importancia, es decir, los elementos más importantes se encuentran al final de la oración. Las diferentes partes que constituyen una oración se entrelazan entre sí en una especie de «marco», que puede estar formado por:

— artículo y sustantivo;

Ein tiefblauer strahlender wolkenloser Himmel.
Un cielo azul resplandeciente y sereno.

— verbo auxiliar + infinitivo o participio pasado;

Wir haben gestern ein wunderbares Konzert im rennovierten Teatro Dal Verme in Mailand gehört.
Ayer escuchamos un maravilloso concierto en el renovado teatro Dal Verme en Milán.

— verbo simple y la partícula de los verbos separables.

Ich bleibe schließlich nicht ewig in diesem Kaff da.
Después de todo, no se quedó eternamente en este lugar perdido.

EL SUJETO

Como ya se ha indicado en las primeras páginas de este libro, el sujeto normalmente ocupa el primer lugar en las oraciones alemanas.

Der Mann schwamm durch den Ärmelkanal.	*El hombre nadó a través del canal de la Mancha.*

Ocurre lo mismo para los pronombres personales que sustituyen al sujeto.

Er schwamm durch den Ärmelkanal.	*Él nadó a través del canal de la Mancha.*

Recordemos que el sujeto no puede estar nunca elidido; también puede estar representado por el pronombre personal neutro **es**.
La función de sujeto también puede estar representada por un adjetivo, infinitivo u oración subordinada.

Einkaufen ist kein Vergnügen.	*Comprar no es una diversión.*
Dass der Mensch sterblich ist, wissen alle.	*Que el hombre es mortal, lo saben todos.*

Como ya hemos visto, existen algunas excepciones, como la inversión; el sujeto debe cambiar de lugar:

— en una oración interrogativa;

Kommt ihr heute?	*¿Venís hoy?*

— si hay un adverbio de lugar, tiempo o manera al principio de la frase;

Heute kommen sie zum Essen.	*Hoy vienen a comer.*

— si hay un complemento al principio de la frase;

Zum heutigen Essen können sie leider nicht kommen.
A comer hoy, desgraciadamente ellos no podrían venir.

— en el caso de una conjunción subordinante que introduce una proposición subordinada, la cual precede a la oración principal.

Da es spät war, verzichteten wir auf den Museumsbesuch.
Como era tarde, renunciamos a la visita del museo.

ATENCIÓN:

Después de las conjunciones **und** (y), **aber** (pero), **denn** (porque), **oder** (o), **sondern** (sino) no se produce la inversión.

Una norma rígida es que en una oración principal afirmativa el verbo debe ocupar siempre el segundo lugar. El sujeto es, por consiguiente, un elemento móvil que se debe desplazar, es decir, va después del verbo.

 EL PREDICADO (PRÄDIKAT)

Con la palabra **Prädikat** se indica la función del verbo conjugado en el contexto de la proposición.
En alemán, el verbo es el elemento más importante de una proposición. Es el elemento portador de la frase, en torno al cual giran, más o menos libremente, los otros elementos.
Siempre hay que tener presente la posición que ocupa, que, en el interior de la proposicón, siempre es fija:
— en las proposiciones afirmativas principales, el verbo ocupa el 2.º lugar;
— en las proposiciones interrogativas directas, imperativas y exclamativas, el verbo ocupa el 1.er lugar;
— en las oraciones subordinadas, el verbo ocupa el último lugar.

Er liest die Zeitung.	*Él lee el periódico.* (Oración afirmativa)
Liest er die Zeitung?	*¿Lee el periódico?* (Oración interrogativa)
Lies die Zeitung!	*¡Lee el periódico!* (Oración imperativa)
Läse er doch nur die Zeitung!	*¡Si al menos leyese el periódico!* (Oración exclamativa)
Wir kauften die Zeitung, damit er sie liest.	*Comprábamos el periódico, para que él lo leyera.*

Sujeto	**Verbo**	**Complemento/adverbio/ proposición subordinada**
Ich *Yo*	**kenne** *conozco*	**dieses Buch.** *este libro.*
Die Eltern *Los padres*	**freuen sich** *se alegran*	**auf die Sommerferien im August.** *de las vacaciones de verano en agosto.*
Die Schüler *Los alumnos*	**hatten** *tenían*	**nur Unterricht bis zum 20. Dezember.** *clases sólo hasta el 20 de diciembre.*
Einige Studenten *Algunos universitarios*	**haben abgeschrieben,** *han copiado*	**während der Professor aus dem Hörsaal ging.** *mientras el profesor estaba fuera de la clase.*

Colocación de los diferentes elementos:

Complemento/adverbio/ proposición subordinada	Verbo	Sujeto
Dieses Buch *Este libro*	**kenne** *lo conozco*	**ich.** *yo.*
Auf die Sommerferien im August *De las vacaciones de verano en agosto*	**freuen sich** *se alegran*	**die Eltern.** *los padres.*
Nur Unterricht bis zum 20. Dezember *Clase sólo hasta el 20 de diciembre*	**hatten** *tienen*	**die Schüler.** *los alumnos.*
Während der Professor hinausging, *Mientras el profesor estaba fuera de clase,*	**haben abgeschrieben** *han copiado*	**einige Studenten.** *algunos universitarios.*

En la gramática moderna del alemán, todas las proposiciones se dividen en determinados sectores. El conjunto es denominado Satzfeld y se subdivide en:

— Vorfeld (zona introductiva);
— Mittelfeld (zona central);
— Nachfeld (zona posterior).

Er hat (Vordfeld) sie gestern gesehen, (Mittelfeld) und zwar Bahnhof (Nachfeld).
Él les visitó ayer, y más concretamente en la estación.

De la construcción de la oración se deduce que los detalles se concentran al final de la oración. Con frecuencia, encontramos entre el verbo auxiliar y su participio, entre el verbo y la oración de relativo negativa, entre el verbo y la partícula separable (fundamental para comprender el significado del verbo), estructuras que rigen complementos, frases de relativo, etc. Nuestra atención se centra completamente en la conclusión de la oración, que alguna vez habremos imaginado diferente a la propuesta. Como ocurre en las traducciones del latín, primeramente hay que buscar el verbo para comprender el significado de la oración. Especialmente con las negaciones, que con frecuencia se encuentran al final, cambia radicalmente el sentido final de la oración.

Meine Eltern kommen wegen der Verspätung ihres Zuges heute abend nicht.
Mis padres no vienen esta tarde a causa del retraso de su tren.

Por consiguiente, cuando se leen oraciones en alemán, estas deben ser consideradas en todo su conjunto.

En las oraciones subordinadas, el verbo conjugado se coloca al final. Esta regla no se aplica cuando el predicado funciona con un verbo auxiliar (**wollen**, **mögen**, **müssen**, **sollen**, **können**, **dürfen**, etc.). En estos casos, el verbo conjugado, en vez de al final, se coloca en el antepenúltimo lugar.

Ich warte darauf, dass ihr mit dem Lärm aufhört.
Espero que vosotros terminéis con el ruido.

— **dass ihr mit dem Lärm aufhört** = oración subordinada con el verbo conjugado **aufhört** en el último lugar.

Ich dachte, dass du mir einen Blumenstrauß hättest schenken wollen. *Yo pensé que tú querías regalarme un ramo de flores.*

— **dass** ... **hättest schenken wollen** = oración subordinada con el verbo conjugado **hättest** en el antepenúltimo lugar.

EL ATRIBUTO

El atributo precede siempre a su sustantivo y debe conservar este lugar. Entre el artículo, el pronombre posesivo o demostrativo y el nombre se insertan con frecuencia uno o más atributos, también entre oraciones subordinadas, de modo que el lector, cuando finalmente llega al sustantivo, ya ha olvidado el principio de la construcción atributiva.
Se requiere cierta experiencia para pasar por alto toda la frase y llegar al sustantivo para comprender la idea.

Die durch alle Zeitungen gegangene und vielen schon seit gestern bekannte Nachricht. *La noticia, publicada todos los días, es ya una anotación de ayer.* (Literalmente: La todos los día publicada es ya muy de ayer noticia)

Es preferible sustituir esta construcción atributiva por una aposición o por una oración de relativo para aligerar la oración alemana.

Die Nachricht, die durch alle Zeitungen gegangen und vielen schon seit gestern bekannt war.

LA POSICIÓN DEL COMPLEMENTO DIRECTO E INDIRECTO

El complemento (directo o indirecto) normalmente se encuentra en el tercer lugar de la oración. También se puede colocar al principio de la frase. Cuando es representado por un pronombre, generalmente ocupa el lugar del sustantivo. La situación cambia cuando hay dos complementos: uno en dativo y otro en acusativo.

Ich kenne das Buch.	*Conozco el libro.*	**Ich kenne es.**	*Lo conozco.*

Cuando hay dos complementos en una oración, uno en dativo y otro en acusativo, se sigue este orden:

— si son dos sustantivos, el que está en dativo precede al que está en acusativo;

Er gab seinem Vater einen Brief. *Él dio a su padre una carta.* En español es preferible decir: Él dio una carta a su padre.

— en el caso de un pronombre y de un sustantivo, la construcción es:

Er gab ihn seinem Vater. *Él se la dio a su padre.* (El pronombre precede al dativo)

— en el caso de dos pronombres, la construcción es:

Er gab ihn ihm. *Él se la dio a él.* (El acusativo precede al dativo)

EL GERUNDIO Y EL PARTICIPIO PRESENTE

En alemán, no existe el gerundio. El gerundio español se traduce en general con una oración subordinada explícita empleando las conjunciones **indem** *(mientras)*, **als** *(cuando)*, **während** *(mientras)*, **weil** *(porque)*, **da** *(como)* y **wenn** *(si, cuando)*.

Cantando entró en nuestra casa.	**Indem er sang, trat er in unser Haus.** O: **Während er sang, trat er in unser Haus.**
Hablando mientras llora.	**Indem sie dies sagte, weinte sie.** O: **Während sie dies sagte, weinte sie.**

También se puede sustituir el gerundio por:

— un sustantivo precedido por las preposiciones **bei** *(durante)*, **nach** *(después)*;

Nach dieser Tat fühlte sie sich besser. *Completando esta acción se sintió mejor.*
Beim längeren Nachdenken wurde ihm alles klar. *Pensando un largo tiempo se aclara todo.*

— un verbo en modo concluso.

Estoy partiendo hacia la India.	**Ich reise gerade nach Indien ab.**

El gerundio se transforma en una proposición coordinada con la conjunción **und** *(y)*.

Él se volvió al público diciendo...	**Er wandte sich ans Publikum und sagte...**

Ciertas locuciones españolas con gerundio se traducen en alemán con diversas expresiones:

temiendo	**aus Furcht**
sonriendo	**mit Lächeln**
haciendo camino	**unterwegs**
francamente hablando	**offen gesagt**
queriendo o no queriendo	**wohl oder übel**
Dios lo quiera	**so Gott will**

El participio presente se forma añadiendo al infinitivo la desinencia **-d**: **singen-d** *(cantando)*; **tanzen-d** *(bailando)*; **grüssen-d** *(saludando)*

Con frecuencia, se emplea como adjetivo atributivo. Por consiguiente, se declina como un adjetivo.

Der singende Vogel.	*El pájaro cantador/que está cantando.*
Das schlafende Kind.	*El niño durmiente/que está durmiendo.*
Der abwesende Verwaltungsrat.	*El consejero de administración ausente.*
Die kommenden Jahrtausende.	*Los milenios venideros.*
Der Dirigent gab das entscheidende Zeichen für die Geiger.	*El director de orquesta dio la señal de inicio para los violines.*
Ein Zimmer mit fliessendem Wasser.	*Una habitación con agua corriente.*
Der aufregende Film.	*Una película emocionante.*

El participio presente también se puede emplear sustantivado: **die Anwesenden** *(los presentes)*; **die Neuankommenden** *(los recién llegados)*.
El participio presente precedido de **zu** se convierte en alemán en pasiva.

Der zu schlichtende Streit.	*La disputa por ganar.*

 LA NEGACIÓN NICHT

La negación **nicht** puede estar:
— después del verbo conjugado;
— después del complemento directo o indirecto (sustantivo o pronombre);
— después de un adverbio de tiempo (cualquiera que se encuentre en la frase).

Ich komme nicht in den nächsten Tagen.	*No vengo el próximo día.*
Ich kann das Buch nicht kaufen.	*No puedo comprar el libro.*
Ich kann es nicht kaufen.	*No lo puedo comprar.*
Ich kann das Buch heute nicht mehr kaufen.	*Hoy no puedo comprar el libro.*

ATENCIÓN:

La negación precede en algún caso a la palabra que debe negar.

Ich hatte nicht ihn, sondern seinen Bruder gesehen.
No le había visto a él, sino a su hermano.

Nicht von mir stammt dieses Geschenk, sondern von meinen Eltern.
A mí no me des este regalo, sino a mis padres.

Dein Urteil kann sich irren, nicht dein Herz.
Tu juicio puede fallar, no tu corazón.

Muchas veces, la negación se funde en una única palabra: **nicht ein** se convierte en **kein** (*«no uno»* se convierte en *«ninguno»*); **jemand** *(alguien)* se convierte con la negación en **niemand** *(nadie)*; **je/jemals** se convierte en **nie/niemals** *(nunca)*; **etwas** *(algo)* se convierte en **nichts** *(nada)*; **irgendwo** *(en cualquier lugar)* se convierte en **nirgendwo** *(en ningún lugar)*.

El español exige en estos casos la doble negación. En cambio, el alemán no la admite.

Ist das ein Vorschlag?	*¿Es esto una proposición?*
Nein, es ist kein Vorschlag.	*No, no es una proposición.*
Kanntest du jemanden?	*¿Conoces a alguien?*
Nein, ich kannte niemanden.	*No, no conozco a nadie.*
Zeigtet ihr ihnen etwas?	*¿Enseñábais alguna cosa?*
Nein, wir zeigten ihnen nichts.	*No, no enseñábamos nada.*
Wie konntet ihr jemals so etwas erzählen?	*¿Cómo habéis podido contar alguna vez una cosa así?*
Wir haben nie (niemals) so etwas erzählt.	*Nosotros no hemos contado nunca una cosa así.*

ATENCIÓN:

Después de la negación, se emplea en sentido antitético, por **aber** *(pero)*, la palabra **sondern** *(sino)*.

Er ist nicht nur intelligent, sondern auch gut erzogen.
No es sólo inteligente, sino también bien educado.

Sie kann nicht nur singen, sondern auch Querflöte spielen.
No sólo sabe cantar, sino también tocar la flauta travesera.

Después de una pregunta negativa se emplea una respuesta afirmativa reforzada con **doch**, en vez de con **ja**.

Wusstest du das nicht?	*¿No lo sabías?*
Doch, ich wusste es schon lange.	*Sí, lo sabía desde hace tiempo.*
Könnte er uns nicht helfen?	*¿No puede ayudarnos?*
Doch, er könnte, wenn er wollte.	*Sí, él podría si quisiese.*

EL GENITIVO SAJÓN

Ya hemos tratado el genitivo, pero existe una forma particular que se emplea menos y que en la lengua hablada es sustituida por dativo + **von**. Es el genitivo sajón.

Das Auto meines Vaters	*El coche de mi padre* (genitivo normal)
Meines Vaters Auto	*El coche de mi padre* (genitivo sajón)
Das Auto von meinem Vater	*El coche de mi padre* (dativo, sobre todo en la lengua hablada)

El genitivo sajón se pone después del sustantivo al que se refiere, aunque también puede precederlo (genitivo sajón). El sustantivo que sigue al genitivo pierde el artículo.

In meines Vaters Haus sind viele Wohnungen.	*En la casa de mis padres hay muchas habitaciones.*
Meines Mannes Brüder sind schon gestorben.	*Los hermanos de mi marido están muertos.*
Monikas Mann war sehr krank.	*El marido de Mónica estaba muy enfermo.*
Der Berg bei Rio de Janeiro heißt Gottes Finger.	*La montaña de Río de Janeiro se llama el Dedo de Dios.*

El genitivo sajón es una herencia antigua del alemán. También se da en inglés: my father's book. En la ortografía alemana moderna se ha suprimido el apóstrofo: Karl's des Großen Biographie (la biografía de Carlo Magno) se convierte en Karls des Großen Biographie.

PROPOSICIONES PRINCIPALES Y SUBORDINADAS

Una oración principal es una frase completa que no necesita de otros elementos adjuntos para comprenderla totalmente.

Der Politiker machte grosse Versprechungen.	*El político hacía grandes promesas.*

La construcción normal de una oración principal normalmente es: el sujeto **(der Politiker)** en 1.er lugar, el verbo conjugado **(machte)** en 2.º lugar y el complemento directo **(grosse Versprechungen)** en el 3.º. Esta regla fundamental también es válida cuando el complemento directo es un pronombre.

Der Politiker machte sie.	*El político las hacía.*

Los diferentes casos en los que se produce la inversión ya han sido tratados. Para la posición del adverbio, infinitivo y participio pasado se siguen estas particulares reglas:

— el adverbio de tiempo precede al adverbio de lugar y de manera;

Wir hatten heute hier eine lustige Party.
Hoy teníamos aquí una fiesta alegre. (Literalmente: Teníamos hoy aquí una alegre fiesta.)

— el adverbio de tiempo precede al complemento directo o indirecto cuando este último es un sustantivo;

Wir werden morgen viel Arbeit im Büro haben.
(literalmente) Tendremos mañana mucho trabajo en la oficina.

Wir hatten gestern den Koffer am Flughafen vergessen.
(literalmente) Olvidamos ayer la maleta en el aeropuerto.

— cuando el complemento directo o indirecto viene representado por un pronombre, este último debe estar cerca del verbo y preceder al adverbio de tiempo.

Wir hatten ihn gestern am Flughafen vergessen.
(literalmente) Olvidámosla ayer en el aeropuerto.

El infinitivo y el participio pasado se ponen siempre al final de la oración.

Wir lassen uns diesen Vorteil nicht nehmen.
Nosotros no dejamos quitar esta ventaja.

Ich möchte meiner Mutter eine Freude machen.
Yo quise hacerle un favor a mi madre.

Sie waren vorgestern gegen Abend gekommen.
Ellos vinieron el otro día por la tarde.

Übermorgen werden wir schon alles gegessen haben.
Pasado mañana nosotros ya nos lo habremos comido todo.

Cuando en la misma proposición se encuentran un infinitivo y un participio pasado, dos participios o dos infinitivos, se ponen siempre al final de la oración.

ATENCIÓN:

Entre el verbo auxiliar o modal conjugado y el participio pasado o infinitivo se insertan todos los otros elementos que configuren la oración.

Ich habe schöne Schuhe gesehen.	*He visto unos bonitos zapatos.*
Ich habe gestern schöne Schuhe gesehen.	*Ayer vi unos bonitos zapatos.*
Ich habe gestern im Schaufenster schöne Schuhe gesehen.	*Ayer vi unos bonitos zapatos en el escaparate.*
Ich habe gestern im Schaufenster schöne Schuhe in vielen Farben gesehen.	*Ayer vi en el escaparate unos bonitos zapatos de muchos colores.*

Como ya vimos cuando tratamos el tema de las conjunciones (unidad 6), hay oraciones principales y subordinadas. Las últimas sirven para completar las oraciones principales, pero no pueden estar solas. En general, son introducidas por una conjunción subordinante.

ATENCIÓN:

En las oraciones subordinadas, el verbo conjugado se encuentra en el último lugar y la partícula de los verbos separables no se separa. La oración subordinada también puede preceder a la oración principal: en este caso, el sujeto de la oración principal se invierte.

Der Enkel weinte (oración principal), **als er die Grossmutter sah.**
El nieto lloró cuando vió a la abuela. (oración subordinada)

Als der Enkel die Grossmutter sah (oración subordinada), **weinte er.** (oración principal)
Cuando el nieto vió a la abuela, lloró.

DASS *(que)*

Mein Freund sagte mir, dass er nicht abfährt. *Mi amigo me dijo que él no sale.*

WEIL, DA *(porque, como)* (proposición causal)

Viele Leute ziehen aufs Land, da in Mailand die Mieten so hoch sind.
Muchas personas se trasladan al campo, porque los alquileres en Milán son muy altos.

DAMIT *(para que, porque)* (proposición final)

Die Kinder fahren mit dem Fahrrad, damit sie kein öffentliches Verkehrsmittel nehmen müssen.
Los niños van en bicicleta, porque ellos no pueden coger el transporte público.

ATENCIÓN:

Después de una frase introducida por **damit**, cuando el sujeto es el mismo, se emplea con frecuencia el infinitivo.

Die Kinder fahren mit dem Fahrrad, um kein öffentliches Verkehrsmittel nehmen zu müssen.	*Los niños van en bicicleta porque no pueden coger el transporte público.*

WENN, FALLS *(si, en el caso de que)* (proposición condicional)

Die Welt wäre langweilig, wenn alle Menschen gut wären.
El mundo sería aburrido si todas las personas fueran buenas.

Der Termin findet um 12 Uhr statt, falls wir nichts mehr von Ihnen hören.
La cita es a mediodía, en el caso de que no escuchemos nada más de ellos.

En alemán, las funciones gramaticales de las determinadas partes de la oración deben estar muy claras, en particular la posición del verbo conjugado.

Los elementos como el participio pasado y el infinitivo, que en la oración principal ocupan el último lugar, en la oración subordinada pasan a ocupar el penúltimo lugar.

Man wusste in der Firma, dass er viele Stellen gehabt hatte.
Se sabía en la empresa que él había tenido muchos trabajos.

Der Manager glaubte, dass er den Stress nicht länger durchzuhalten imstande sei.
El manager creía que él no podría soportar durante mucho tiempo el estrés.

ATENCIÓN:

Cuando se empieza una oración con el sujeto de la oración principal insertado en la subordinada, el verbo debe ocupar también el segundo lugar.
En estos casos, en efecto, la construcción alemana y la española se diferencian de forma sustancial.

Man weiß, dass der Staat, weil er keine Mittel hat, die Steuern erhöhen muss.
Se sabe que el estado, porque no tiene medios, debe subir los impuestos.

Mejor: **Es ist bekannt, dass der Staat die Steuern erhöhen muss, da er keine Mittel hat.**
Se sabe que el estado debe subir los impuestos, porque no tiene medios.

De una oración subordinada puede depender otra oración subordinada. En tal caso, es mejor completar la primera proposición subordinada para hacer más comprensible el texto.

OBWOHL, OBGLEICH *(aunque, a pesar de que)* (proposición concesiva)

Obwohl das Erdbeben alles zerstört hatte, wollten die Bewohner dort weiter leben. *Aunque el terremoto lo había destruido todo, los habitantes querían seguir viviendo allí.*
Faust war unzufrieden, obgleich er schon alles studiert hatte. *Fausto estaba descontento, a pesar de que él ya lo había estudiado todo.*

SO ... DASS *(de modo que, así que)* (proposición consecutiva)

Es regnete so stark, dass wir keinen Osterspaziergang machen konnten. *Llovía tan fuerte que nosotros no pudimos hacer el paseo de Pascua.*
Das Haus war alt, so dass man keinen Käufer mehr fand. *La casa era vieja, de modo que no se encontró un comprador.*

WIE, INDEM, DADURCH DASS *(como)* (proposición modal)

Indem ich arbeite, brauche ich kein Geld mehr von meinen Eltern. *Como trabajo, no necesito más dinero de mis padres.*
Musst du nicht den Arbeitgeber benachrichtigen, indem du ein Einschreiben schickst? *¿No debiste advertir al patrón enviando una carta?*

WÄHREND *(durante, mientras)*, **NACHDEM** *(después de que)*, **BEVOR, EHE** *(antes de que)*, **SEITDEM** *(desde que)*, **BIS** *(hasta que, mientras)*, **SOLANGE** *(hasta que)* (proposición temporal)

Während ich auf dem Nil reiste, war immer schönes Wetter. *Mientras yo viajé por el Nilo hizo siempre buen tiempo.*
Nachdem wir soviel gesehen hatten, sanken wir todmüde ins Bett. *Después de haber visto tantas cosas, caímos muertos de cansancio en la cama.*
Bevor der Hahn kräht, wirst du mich verraten. *Antes de que cante el gallo, tú me traicionarás.*
Ehe es dunkel wird, möchte ich noch ein Foto machen. *Antes de que se haga de noche, quiero hacer una fotografía.*
Seitdem wir geschieden sind, sind wir gute Freunde. *Desde que nos divorciamos, somos buenos amigos.*
Solange die Korruption verbreitet ist, wird nie Ordnung in diesem Staat sein. *Mientras la corrupción esté difundida, no estará en orden este estado.*

WENN, ALS *(cuando)*

Als der Wolf die Grossmutter gefressen hatte, legte er sich ins Bett. *Cuando el lobo se hubo comido a la abuela, él se echó en la cama.*
Wenn man keine Lust hat, muss man sich selbst motivieren. *Cuando no se tienen ganas, hay que motivarse.*

La conjunción española «cuando» se traduce en alemán como:

— **wenn**, cuando la acción es en el presente o en el futuro; cuando la acción se ha repetido en el pasado;

Wenn die Schwalben kommen, beginnt der Frühling.
Cuando vengan las golondrinas, empezará la primavera.

— **als**, cuando la acción ocurre en el pasado, es nueva y sólo se da una única vez.

Als er die Diskomusik hörte, hielt er sich die Ohren zu.

Cuando él escuchó la música de la discoteca, se tapó las orejas.

En vez de la proposición subordinada con **wenn** con sentido temporal, se puede emplear la siguiente construcción idiomática:
Hat der Teufel Hunger, frisst er Fliegen en vez de **Wenn der Teufel Hunger hat, frisst er Fliegen.** *(Literalmente: Cuando el diablo tiene hambre, come moscas.)*

ORACIONES DE RELATIVO

Una oración de relativo es una proposición subordinada, por lo que el verbo debe estar al final. Las oraciones de relativo dependen de un sustantivo, que es explicado más detalladamente, y son introducidas por un pronombre relativo que tiene dos formas: **der** *(que)* o **welcher** *(cual)*, **die** *(que)* o **welche** *(la cual)*, **das** *(que)* o **welches** (*el cual* - neutro). Las oraciones de relativo van inmediatamente después del sustantivo al que se refieren, por lo que están entre comas o en la segunda parte de la oración.
Como ya se ha explicado anteriormente (pronombres relativos), la forma más usada de los pronombres relativos es **der**, **die**, **das** *(que)*. Sólo para evitar la cacofonía se emplea **welcher**, **welche**, **welches** (*el cual, la cual, el cual* - neutro). El pronombre de relativo se refiere, en lo que concierne al género (masculino, femenino o neutro) y al número (singular o plural), al sustantivo del que depende.

ATENCIÓN:

El genitivo del pronombre de relativo se encuentra al principio de la oración de relativo: que + el sustantivo que le sigue, siempre sin artículo.

Die Verfasserin, deren Buch keinen Anklang fand, ärgerte sich.
La actriz, cuyo libro no fue apreciado, se enfadó.

Der Fussballfan, dessen Geschrei mich stört, steht vor dem Stadion.
El seguidor de fútbol, cuyos gritos me molestan, está delante del estadio.

El pronombre de relativo también puede ser precedido por una preposición.

Das Glas, aus dem du trinkst, ist kaputt.	*El vaso, del que tú bebes, está roto.*

Veamos a continuación algunos ejemplos de oraciones de relativo (masculino, femenino, neutro - en singular y en plural).

Der Schüler, der zum Sprachstudium nach Frankreich gegangen ist, kommt nicht mehr wieder. *El estudiante que ha ido a Francia a estudiar la lengua no vuelve más.*
Der Schüler, dessen Vater ich kannte, geht in England in die Schule. *El estudiante, cuyo padre conozco, va a la escuela en Inglaterra.*
Der Schüler, dem der Lehrer soviel versprochen hatte, war enttäuscht. *El estudiante, al que el profesor le había prometido mucho, estaba desilusionado.*
Der Schüler, den du hier siehst, ist aus England zurückgekommen. *El estudiante que tú viste ha vuelto de Inglaterra.*
Die Schüler, die in der letzten Klasse sind, bereiten sich aufs Abitur vor. *Los estudiantes que están en el último curso se preparan para el bachillerato.*
Die Schüler, deren Väter grosse Autos fahren, sind wohlhabend. *Los estudiantes, cuyos padres conducen grandes coches, están acomodados.*
Die Schüler, denen wir nur Gutes getan haben, sind undankbar. *Los estudiantes, a los que sólo habíamos hecho el bien, son unos ingratos.*
Die Schüler, auf die der Lehrer gehofft hatte, sind durchs Abitur gefallen. *Los estudiantes, a los que el profesor había esperado, han suspendido bachillerato.*
Die Schülerin, die zum Austausch nach Frankreich gegangen ist, kommt nicht mehr wieder. *La estudiante que ha ido a Francia a estudiar la lengua no vuelve más.*
Die Schülerin, deren Vater ich kannte, geht in England in die Schule. *La estudiante, cuyo padre conozco, va a la escuela en Inglaterra.*
Die Schülerin, der ich neue Bücher versprochen hatte, war enttäuscht. *La estudiante, a la que había prometido un nuevo libro, estaba desilusionada.*
Die Schülerin, die du hier siehst, ist aus England zurückgekommen. *La estudiante que tú viste ha regresado de Inglaterra.*
Die Schülerinnen, die in der letzten Klasse sind, bereiten sich aufs Abitur vor. *Las estudiantes que están en el último curso se preparan para el bachillerato.*
Die Schülerinnen, deren Zeugnisse gut waren, fürchten das Abitur nicht. *Las estudiantes, cuyas notas eran buenas, no temían el bachillerato.*
Die Schülerinnen, denen wir Gutes getan haben, sind undankbar. *Las estudiantes, a las que sólo habíamos hecho el bien, son unas ingratas.*
Die Schülerinnen, die du hier siehst, sind alle sehr intelligent. *Las estudiantes que tú viste son todas muy inteligentes.*

CURIOSIDAD
Student *(estudiante),* **Studentin** *(la estudiante)* en alemán sólo se refiere al estudiante universitario/a. El verbo **studieren** significa «*estudiar en la universidad*», o «*cursar una carrera universitaria*». Los alumnos de la escuela elemental, media o superior son denominados indistintamente der Schüler (para el masculino) y die Schülerin (para el femenino).

Das Kind, das nicht in einer Großstadt aufwächst, ist gesünder. *El niño que no crece en una gran ciudad está más sano.*
Das Kind, dessen Vater ich kannte, war immer brav. *El niño, cuyo padre conocí, siempre fue valiente.*
Das Kind, dem wir unsere Liebe zuwandten, dankte es uns. *El niño al que dimos nuestro amor nos lo agradeció.*
Das Kind, das wir adoptieren, stammt aus Indien. *El niño que nosotros adoptamos viene de la India.*
Die Kinder, die auf dem Schiff waren, waren als Sklaven verkauft worden. *Los niños que estuvieron en el barco fueron vendidos como esclavos.*
Die Kinder, deren Hunger du stillst, werden dich nie vergessen. *Los niños, cuya hambre calmaste, no te olvidarán nunca.*
Die Kinder, denen wir Gutes getan haben, sind dankbar. *Los niños a los que nosotros hicimos el bien son agradecidos.*
Die Kinder, die wir gefunden haben, hatten sich verlaufen. *Los niños que nosotros habíamos encontrado se habían perdido.*

ATENCIÓN:
El pronombre relativo **das** puede ser sustituido por el pronombre **was** cuando hace referencia a una cosa indeterminada o al contenido total de la proposición.

Cuando la cosa no es determinada, se usan las siguientes construcciones:

Alles, was wir sagen, muss unter uns bleiben. *Todo lo que nosotros decimos debe quedar entre nosotros.*
Ich kann mich an nichts, was wir besprochen hatten, erinnern. *No me acuerdo de nada de lo que habíamos hablado.*
Das, was du weisst, bleibt dir für immer. *Lo que sabes te queda para siempre.*
Das ist etwas, was ich schon lange wissen wollte. *Es algo que yo quiero saber desde hace tiempo.*

Toda la oración:

Sie kaufte sich einen neuen Wagen, was sie später bereute. *Ella se compró un nuevo coche, algo de lo que se arrepintió más tarde.*

PROPOSICIONES CON INFINITIVO Y CON ZU

Normalmente, el infinitivo viene precedido por **zu** (como en inglés «to»).

Es fing an zu regnen.	*Empezó a llover.*
Wir hoffen, dich bald zu sehen.	*Esperamos verte pronto.*

Este último ejemplo también puede expresarse con **dass** *(que)*.

Wir hoffen, dass wir dich bald sehen.	*Esperamos verte pronto.*

Ya hemos señalado anteriormente que las oraciones con **dass** *(que)* son oraciones subordinadas y que el verbo se coloca al final. La construcción con infinitivo, en cambio, no tiene un sujeto propio, hace referencia a la persona o cosa de la oración de referencia. El infinitivo se coloca al final de la oración con **zu**. En el caso de los verbos separables, **zu** se inserta entre la partícula separable y el verbo.

Ich hoffe, mit diesem Zug zu fahren.	*Espero ir en este tren.*
Ich hoffe, mit diesem Zug abzufahren.	*Espero partir con este tren. (verbo separable)*
Ich hoffe, mich nicht zu verspäten.	*Espero no retrasarme.* (verbo no separable)

ATENCIÓN:
Se usa la construcción con infinitivo cuando el sujeto de la oración de referencia es el mismo que el de la oración subordinada con **dass** *(que)*. Se debe emplear la oración subordinada con **dass** cuando el sujeto de la oración de referencia y el sujeto de la oración subordinada son diferentes.

Se usa la construcción con infinitivo después de los siguientes verbos:

ablehnen	*rechazar*	**annehmen/vermuten**	*aceptar*
erwarten	*esperar*	**befürchten**	*temer*
glauben	*creer*	**hoffen**	*esperar*
meinen	*opinar*	**unterlassen**	*omitir*
vergessen	*olvidar*	**vermeiden**	*evitar*
verlangen	*pedir*	**versprechen**	*prometer*
versuchen	*buscar*	**sich weigern**	*negarse*
wünschen	*desear*		

Los siguientes verbos sólo se emplean en construcciones con infinitivo:

anfangen **aufhören** **beginnen** **versäumen**	*empezar* *parar, cesar* *empezar* *perder, omitir*	**sich anstrengen** **beabsichtigen** **fortfahren** **wagen**	*esforzarse* *intentar* *continuar* *arriesgar*

Der Kläger lehnte es ab, einen Vergleich zu schließen. *El actor rechazó terminar una discusión.*
Wir befürchten, schlimmen Zeiten entgegenzugehen. *Temíamos salir al encuentro con tan mal tiempo.*
Die alte Frau vermutete, Betrügern in die Hände gefallen zu sein. *La mujer mayor presumía haber caído en las manos del estafador.*
Sie hört nicht auf zu schwätzen. *Ella no cesa de hablar.*
Die Stadt Mailand beabsichtigt, mehr Parks und Spielplätze anzulegen. *La ciudad de Milán intenta construir más parques y sitios para jugar.*
Sie hatten es versäumt, die Steuern rechtzeitig zu bezahlen. *Ellos lo habían perdido para pagar a tiempo los impuestos.*
Wer wagt es, sich in die Wellen zu stürzen? *¿Quién se arriesga a caerse entre las olas?*

Se omite **zu** cuando el infinitivo depende de:

a) un verbo auxiliar modal **(müssen, sollen, können, dürfen, wollen, mögen)**;

b) los siguientes verbos: **fühlen** *(sentir)*, **hören** *(oir)*, **sehen** *(ver)* (percepciones sensitivas), **fahren** *(ir)*, **gehen** *(ir, caminar)*, **helfen** *(ayudar)*, **kommen** *(venir)*, **lassen** *(dejar)*, **lehren** *(enseñar)*, **lernen** *(aprender)*, **müssen** *(deber, necesitar)*, **sollen** *(deber moral)*, **können** *(poder, ser capaz)*, **dürfen** *(poder, tener permiso)*, **wollen** *(querer)*, **mögen** *(querer, gustar)*.

Proponemos dos ejemplos de oraciones de infinitivo con **zu**.

Es gab nicht viel zu sehen.	*No había nada más para ver.*
Es begann dunkel zu werden.	*Empezó a oscurecer.*

A continuación, proponemos algunos ejemplos con verbos auxiliares modales.

Das Kind darf nicht alles machen, was es will.	*El niño no quería hacer todo lo que quería.*
Morgen müssen wir früh aufstehen.	*Mañana, deberíamos levantarnos pronto.*

Die Ausländer wollen die Grenze überschreiten.	*Los extranjeros quieren cruzar la frontera.*
Sie müssen eine Aufenthaltsgenehmigung haben.	*Deben tener un permiso de residencia.*

Veamos ahora algunos ejemplos con los verbos mencionados en el punto *b*.

Im Frühling hören wir endlich die Vögel singen.	*En primavera, finalmente escuchamos el canto de los pájaros.*
Wir lassen uns nicht belehren.	*No nos dejamos aconsejar.*
Ihre Schwester lehrt sie tanzen.	*Su hermana le enseña a bailar.*
Kleinkinder lernen schnell sprechen.	*Los niños pequeños aprenden a hablar rápidamente.*

Cuando el infinitivo se emplea para formar el futuro o el condicional no se usa **zu**.

Sie werden übermorgen abfahren.	*Ellos marcharán pasado mañana.*
Ich würde so gerne bleiben.	*Me quedaría tanto como quisiera.*

En las siguientes construcciones con **sein** *(ser)* y **haben** *(haber)* se usa el infinitivo con **zu** para expresar posibilidad o necesidad.

Die Sache ist nicht zu machen.	*La cosa no es factible.*
Die Zeichnung ist nicht zu kopieren.	*El diseño no es para copiar.*
Die Schüler hatten viel zu viel zu lernen.	*Los alumnos tenían mucho por estudiar.*
Ihr habt nichts zu lachen.	*No teníais nada de que reír.*

 PROPOSICIONES FINALES CON DAMIT Y UM ... ZU

En las oraciones finales (proposiciones subordinadas) formadas con **damit** *(para que, porque)*, con frecuencia se prefiere la construcción con infinitivo **um** ... **zu**, siempre que esta construcción sea posible (se ve en oraciones principales y subordinadas).

ATENCIÓN:

El infinitivo con **um ... zu** se aplica únicamente cuando los sujetos de la oración principal y subordinada son los mismos.

Die Polizisten rannten wie verrückt, damit sie den Dieb fassen konnten.
Los policías corrían como locos para poder atrapar al ladrón.

Die Polizisten rannten wie verrückt, um den Dieb fassen zu können.
Los policías corrían como locos para poder atrapar al ladrón

Er rannte, damit er sich rettete.	*Corría para salvarse.*
Er rannte, um sich zu retten.	*Corría para salvarse.*

Todas las otras construcciones con **um** ... **zu** (deseo, intención), se pueden formar también con el infinitivo y **ohne** ... **zu** *(sin)*, **anstatt** ... **zu** *(en vez ... de)*.

UM ... **ZU** *(para)* (deseo, intención)

Ich investiere in Aktien der neuen Technologiefirmen, um rasch Geld zu verdienen. *Invierto en acciones de empresas de nueva tecnología para ganar dinero rápidamente.*

OHNE ... **ZU** *(sin)*

Ohne meine Erlaubnis abzuwarten, griff er zum Telefon. *Sin esperar mi permiso, él cogió el teléfono.*

ANSTATT ... **ZU** *(en vez de)*

Anstatt sich zu freuen, fing das Kind zu weinen an. *En vez de alegrarse, el niño empezó a llorar.*

ATENCIÓN:
Las construcciones con **um ... zu**, **ohne ... zu**, **anstatt ... zu** también pueden preceder a las oraciones principales.

Si el sujeto de la oración principal y el de la oración subordinada hacen referencia a personas u objetos diversos se debe recurrir a la construcción con **damit** *(para que)*, **ohne dass** *(sin que)*, **anstatt dass** *(en vez de que)*.

Der Architekt baute das Haus, damit seine ganze Familie Platz hätte. *El arquitecto construyó la casa para que toda su familia tuviese un sitio.*
Anstatt dass er herkommt, müssen wir zu ihm gehen. *A pesar de que él vino, debimos ir a buscarle.*
Ohne dass die Grossmutter es wusste, hob der Enkel das Geld von ihrem Bankkonto ab. *Sin que la abuela lo supiese, el nieto cogió dinero de su cuenta bancaria.*

Después de **nichts / etwas anderes** (*nada, otros que*) o **alles andere** *(todos los otros)* con frecuencia va una construcción de infinitivo con **als**.

Meine Nichte hatte nichts anderes im Sinn, als zu heiraten. *Mi nieta no tenía nada más en la cabeza que casarse.*
Der Ausländer tut alles andere, als die deutsche Sprache zu lernen. *El extranjero hace lo que puede para aprender alemán.*

UNIDAD 8
LA PUNTUACIÓN

La puntuación, en un tiempo muy rígida en alemán, fue modificada en la última reforma ortográfica del 1.º de julio de 1996. Ahora se permite más libertad para introducir u omitir la coma. La regla fundamental es que la puntuación debe ayudar al lector a leer de una forma más comprensible y transparente. Veamos algunas reglas generales.

La coma no se introduce:

— entre dos oraciones principales.

Er hatte kein Geld und seine Frau machte ihm das Leben schwer.
Él no tenía dinero y su mujer le hacía la vida imposible.

La coma se introduce:

— entre una oración principal y una subordinada;

Man erwartet, dass der Minister endlich Stellung nimmt.
Se esperó a que finalmente el ministro tomara posición.

— entre diversas oraciones subordinadas;

Der Hund, den ihr gefunden habt, gehört mir, weil ich ihn gekauft habe.
El perro que os encontrásteis me pertenece porque yo lo he comprado.

— en las enumeraciones;

Die Schuhe, Kleider, Strümpfe, Pullover könnten wir in die Sammlung geben.
Zapatos, vestidos, calcetines y jerséis podríamos dar a la recolección.

— delante de todas las construcciones de infinitivo;

Sie hoffen, in einigen Wochen wieder reisen zu können.
Esperan poder viajar nuevamente tras algunas semanas.

— delante de todas las construcciones de infinitivo con **um** ... **zu** *(para)*, **ohne** ... **zu** *(sin)*, **anstatt** ... **zu** *(en vez de)*.

Er schloss die Diskussion ab, ohne weitere Fragen abzuwarten.
Terminó la discusión sin atender ulteriores preguntas.

Se encierran entre dos comas:

— las frases de relativo;

Das Obst, das ich gestern gekauft habe, war nicht frisch.
La fruta que compré ayer no era fresca.

— las aposiciones;

Der Nil, der zweitlängste Fluss der Welt, fließt ins Mittelmeer.
El Nilo, el segundo río más largo del mundo, desemboca en el mar Mediterráneo.

— las frases con participio.

Wir konnten, vom langen Reden ermüdet, kaum die Augen offen halten.
Después de tanto hablar, nos costaba mantener los ojos abiertos.

No se ponen comas:

— entre proposiciones no completas unidas por **und** *(y)* u **oder** *(o)*;

Sie gähnten laut und hielten sich nicht die Hand vor den Mund.
Bostezaron ruidosamente y no se llevaron la mano delante de la boca.

— entre proposiciones subordinadas del mismo nivel, unidas con **und** *(y)* u **oder** *(o)*;

Er blieb längere Zeit weg, weil sie ihn nicht beachtete und einen anderen anschaute.
Permaneció durante largo tiempo porque ella no le atendió y miró a otro.

— en las construcciones de infinitivo simple.

Sie vergaßen zu kommen.
Olvidaron venir.

APÉNDICE

PRÉSTAMOS Y PALABRAS EXTRANJERAS EN ALEMÁN

El alemán está muy influenciado por las lenguas extranjeras a causa de la migración, ocupación, países limítrofes e influencias culturales. Los **Lehnwörter** *(préstamos)*, en particular del latín pero también del celta, se han transformado perfectamente en palabras aparentemente alemanas en lo que concierne a las declinaciones, etc.

Del latín derivan voces relacionadas con la agricultura, el comercio, la construcción, la Iglesia y la vida eclesiástica: **das Tor** *(la puerta)*, **die Mauer** *(el muro)*, **die Straße** *(la calle)*, **der Wein** *(el vino)*, **die Kirche** *(la iglesia)*, **der Altar** *(el altar)*. Más adelante, se observa la influencia de la literatura y la cocina francesas, que ejercen una fascinación particular en el pueblo europeo: **Manier** *(manera)*, **Palast** *(palacio)*. Durante el Renacimiento, toma préstamos sobre todo del latín. En ese periodo, penetran en la lengua vocablos relacionados con la política como **Monarchie** *(monarquía)*, **Demokratie** *(democracia),* **Senat** *(senado)*. En el periodo de la Guerra de los 30 años, se observa una fuerte aportación de palabras italianas y francesas; el alemán es despreciado hasta el punto de ser considerado la lengua de los mozos de cuadra, ¡que hablan con los caballos! La lengua de la diplomacia, de la corte, de la sociedad elegante es la francesa. Las palabras que «entran» en uso durante ese periodo son: **Dame** *(dama)*, **Mode** *(moda)*, **Onkel** (*tío*), **Tante** *(tía)*, **galant** *(galante)*, **Kavalier** *(cavallero)*, **Parade** *(parada)*, **Kaserne** *(caserna)*, **Armee** *(armada)*, **Offizier** *(oficial)*, **General** *(general)*, **Major** *(mayor)*.

Las palabras que derivan del griego clásico merecen un capítulo aparte, ya que tienen una ortografía particular, modificada en gran parte por la reforma ortográfica de 1996: **das Theater** *(el teatro)*, **die Philosophie** *(la filosofía)*, **die Geographie**, ahora **Geografie** *(la geografía)*, **die Photographie**, ahora **Fotografie** *(la foto-*

grafía), **die Arthrosis** *(la artrosis)*, **die Kardiologie** *(la cardiología)*, **die Chemie** *(la química),* etc. La lista es larguísima. En el alemán moderno, las voces extranjeras no se modifican en exceso. Se trata, por cosiguiente, de **Fremdwörter** *(palabras extranjeras).*

En el campo de la música y del comercio encontramos numerosos vocablos italianos: **Oper** *(ópera)*, **Violine** *(violín)*, **Arie** *(aria)*; **Bank** *(banca)*, **Kredit** *(crédito)*. La raíz de la palabra **Börse** *(bolsa)* procede nada menos que del griego, del latín y del francés.

Actualmente, el alemán está muy influenciado por el inglés y por el americano. Las palabras son en parte **eingedeutscht** *(«alemanizadas»),* como por ejemplo **managen** *(to manage, gestionar)*, verbo que se conjuga como un verbo débil. Otros vocablos, en cambio, no se modifican con respecto a la lengua extranjera: **das Fax** *(fax)*, **die Email** *(e-mail, correo electrónico)*, **der Job** *(trabajo).*

Ejemplos con neologismos:

Ich mache nur meinen Job. *Yo sólo hago mi trabajo.*
Ich arbeite im Webmarketing. *Yo trabajo en webmarqueting.*
Ob viele Besucher meine Website finden? *¿Cuántos visitantes han visto mi website?*
Fundiertes Know-How ist gefragt! *¡Has preguntado por un know-how más profundo!*
Die Seitenoptimierung ist nicht gut. *La optimización de las páginas no es buena.*
Die besten Flash Animationen. *La mejor animación flash.*
Die 1000 coolsten Surftipps. *Los 1.000 consejos más indicados para navegar por internet.*

LA LENGUA LITERARIA, LA LENGUA HABLADA Y LOS DIALECTOS

Paralelas a la lengua oficial y literaria, denominada **Hochdeutsch** *(alto alemán)*, que también es la lengua del teatro clásico, en Alemania existen numerosos dialectos. La lengua unitaria sólo existe en la escritura. En los dialectos, la pronunciación, la acentuación, el léxico y la sintaxis pueden variar considerablemente. Difícilmente, un montaraz de la región de Baviera y un agricultor de Schleswig-Holstein, que habla en **Platt** (un dialecto holandés), se entenderán. En Alemania septentrional, por ejemplo, se dice **Sonnabend** *(sábado)*, y en la región meridional, **Samstag** *(sábado)*. En el norte, se dice **Fleischer** *(carnicero)*, y en el sur, **Metzger** *(carnicero)*, etc. Naturalmente, también hay notables diferencias entre el alemán hablado en Suiza y el de Austria.

El dialecto, que es el lenguaje más vivo, espontáneo y rico, del que deriva la **Hochsprache** *(lengua alta)*, está siempre más reprimido, en particular a causa de la influencia de los medios de comunicación, como la televisión.

En la lengua hablada **(Umgangssprache)**, raramente se emplean el genitivo sajón, el imperfecto y el subjuntivo. Se prefieren formas menos solemnes (pretérito perfecto en vez del imperfecto, el subjuntivo con **würden**).
También existen las **Jägersprache** *(el lenguaje de los cazadores)*, la **Seemannssprache** *(el lenguaje de los marineros)*, la **Ganovensprache** *(el lenguaje de los disolutos)*, el lenguaje informático, con muchísimos anglicismos, y últimamente ha «nacido» el **Kanaken**, el alemán (erróneo) de los jóvenes turcos.

TABLA DE LOS VERBOS FUERTES Y MIXTOS EN ORDEN ALFABÉTICO

Mostramos a continuación sólo el verbo base, sin los prefijos que con frecuencia modifican también el significado completo de la palabra.

Kommen *(venir)*

Wir kommen heute.	*Venimos hoy.*

An-kommen *(llegar)*

Wir kommen heute an.	*Llegamos hoy.*

Auf-kommen *(aparecer)*

Es sind Wolken aufgekommen.	*Aparecen las nubes.*

Unter-kommen *(residir)*

Wo kommt ihr denn unter?	*¿Dónde residís ahora?*

Los prefijos inseparables de los verbos son (las traducciones y los ejemplos ya se han expuesto anteriormente):

be-, **emp-**, **ent-**, **er-**, **ge-**, **hinter-**, **miss-**, **ver-**, **voll-**, **wider-**, **zer-**.

Los prefijos separables son (las traducciones respectivas y los ejemplos ya se han expuesto anteriormente):

ab-, **acht-**, **an-**, **auf-**, **aus-**, **bei-**, **da-**, **dabei-**, **dafür-**, **dagegen-**, **daheim-**, **daher-**, **dahin-**, **dahinter-**, **daneben-**, **danieder-**, **dar-**, **daran-**, **darauf-**, **darin-**, **darüber-**, **darunter**, **davon-**, **davor-**, **dazu-**, **dazwischen-**, **durch-**, **ein-**, **einher-**, **em-**

por-, entgegen-, fest-, frei-, fort-, gegenüber-, gleich-, heim-, her-, herab-, herauf-, heraus-, herbei-, herein-, herüber-, herum-, herunter-, hervor-, herzu-, hin-, hinab-, hinan-, hinauf-, hinaus-, hindurch-, hinein-, hinterher-, - hinüber-, hinunter-, hinzu-, hoch-, los-, mit-, nach-, nieder-, rad-, statt-, teil-, tot-, über-, überein-, um-, umher-, unter-, vor-, voran-, voraus-, vorbei-, vorüber-, weg-, weiter-, wieder-, zu-, zurecht-, zurück-, zusammen-, zuvor-, zuwider.

Hay verbos que pueden llevar dos prefijos diferentes: **kaufen** *(comprar)*, **verkaufen** *(vender)*, **ausverkaufen** *(malvender, verder con rebaja)*.

Listado de verbos: infinitivo, 3.ª persona del singular del presente de indicativo, 3.ª persona del singular del imperfecto de indicativo, 3.ª persona del singular del imperfecto de subjuntivo, participio pasado; el verbo auxiliar **haben** *(haber)* para los tiempos compuestos está indicado con ++, mientras que **sein** *(ser)* se indica con ##.

Infinitivo	Presente	Imperfecto	Subjuntivo imp.	Participio pasado
backen (cocer)	er backt (du bäckst)	backte	backte	gebacken ++
befehlen (ordenar, mandar)	er befiehlt	befahl		befohlen ++
beginnen (empezar)	er beginnt	begann	begänne	begonnen ++
beißen (morder)	er beißt	biss	bisse	gebissen ++
bergen (salvar)	er birgt	barg		geborgen ++
bersten (explotar)	er birst	barst		geborsten ##
betrügen (engañar)	er betrügt	betrog	betrüge	betrogen ++
bewegen (mover)	er bewegt		bewog	bewöge bewogen ++
biegen (doblar)	er biegt	bog	böge	gebogen ++
bieten (ofrecer)	er bietet	bot	bäte	geboten ++
binden (atar)	er bindet	band	bände	gebunden ++
bitten (pedir)	er bittet	bat	bäte	gebeten ++
blasen (soplar)	er bläst		blies	geblasen ++
bleiben (permanecer)	er bleibt		blieb	geblieben ##
braten (asar, freír)	er brät	briet		gebraten ++
brechen (romper)	er bricht	brach	bräche	gebrochen ++
brennen (arder)	er brennt	brannte		gebrannt ++
bringen (llevar)	er bringt	brachte	brächte	gebracht ++
denken (pensar)	er denkt	dachte	dächte	gedacht ++
dreschen (trillar)	er drischt	drosch		gedroschen ++
dringen (insistir, penetrar)	er dringt	drang	dränge	gedrungen ++ ##
dürfen (poder, en el sentido de permitir)	er darf	durfte	dürfte	gedurft ++
empfehlen (recomendar)	er empfiehlt	empfahl	empfähle	empfohlen ++
erbleichen (palidecer)	er erbleicht	erblich		erblichen ##

Infinitivo	**Presente**	**Imperfecto**	**Subjuntivo imperf.**	**Participio pasado**
erlöschen (apagarse)	er erlischt	erlosch	erlösche	erloschen ##
erschrecken (asustarse)	er erschrickt	erschrak	erschräke	erschrocken ##
(también verbo débil: asustar a alguien)	er erschreckt	erschreckte		erschreckt ++
erwägen (considerar)	er erwägt	erwog	erwöge	erwogen ++
essen (comer)	er isst	aß	äße	gegessen ++
fahren (ir, conducir)	er fährt	fuhr	führe	gefahren ## ++
fallen (caer)	er fällt	fiel		gefallen ##
fangen (coger)	er fängt	fing		gefangen ++
fechten (esgrimir, combatir)	er ficht	focht		gefochten ++
finden (encontrar)	er findet	fand	fände	gefunden ++
flechten (trenzar)	er flicht	flocht	flöchte	geflochten ++
fliegen (volar, pilotar un avión)	er fliegt	flog	flöge	geflogen ## ++
fliehen (huir)	er flieht	floh	flöhe	geflohen ##
fließen (fluir, pasar)	er fließt	floss	flösse	geflossen ##
fressen (devorar)	er frisst	fraß	fräße	gefressen ++
frieren (tener frío)	er friert	fror	fröre	gefroren ++
gären (fermentar también débil)	er gärt	gor gärte		gegoren ## gegärt ++
gebären (dar a luz)	sie gebiert	gebar	geboren ++	sie gebärt
geben (dar)	er gibt	gab	gäbe	gegeben ++
gedeihen (crecer, prosperar)	er gedeiht	gedieh		gediehen ##
gefallen (gustar)	er gefällt	gefiel		gefallen ++
gehen (ir)	er geht	ging	ginge	gegangen ##
gelingen (conseguir)	es gelingt	es gelang	gelänge	gelungen ##
gelten (valer)	er gilt	galt	gälte	gegolten ++
genesen (curar)	er genest	genas		genesen ##
genießen (disfrutar)	er genießt	genoss	genösse	genossen ++
geschehen (acontecer)	es geschieht	es geschah	geschähe	geschehen ##
gewinnen (vencer)	er gewinnt	gewann	gewönne	gewonnen ++
gießen (verter)	er gießt	goss	gösse	gegossen ++
gleichen (parecerse)	er gleicht	glich	gliche	geglichen ++
gleiten (deslizarse)	er gleitet	glitt		geglitten ##
glimmen (atreverse, osar)	er glimmt	glomm		geglommen ++
graben (cavar)	er gräbt	grub	grübe	gegraben ++
greifen (coger, asir)	er greift	griff		gegriffen ++
haben (haber)	er hat	hatte	hätte	gehabt ++
halten (parar)	er hält	hielt	hielte	gehalten ++
hängen (estar colgado)	er hängt	hing	hinge	gehangen ++
(débil: colgar)	er hängt	hängte		gehängt ++
hauen (golpear, batir)	er haut	hieb	(haute)	gehauen ++
heben (levantarse)	er hebt	hob		gehoben ++
heißen (llamarse)	er heißt	hieß	hiebe	geheißen ++
helfen (ayudar)	er hilft	half		geholfen ++

Infinitivo	Presente	Imperfecto	Subjuntivo imperf.	Participio pasado
kennen (conocer)	er kennt	kannte		gekannt ++
klimmen (trepar)	er klimmt	klomm		geklommen ##
klingen (sonar)	er klingt	klang	klänge	geklungen ++
kneifen (pellizcar)	er kneift	kniff		gekniffen ++
kommen (venir)	er kommt	kam	käme	gekommen ##
können (poder)	er kann	konnte	könnte	gekonnt ++
kriechen (arrastrarse)	er kriecht	kroch	kröche	gekrochen ##
laden (cargar)	er lädt	lud		geladen ++
lassen (dejar)	er lässt	ließ	liebe	gelassen ++
laufen (correr)	er läuft	lief	liefe	gelaufen ##
leiden (sufrir)	er leidet	litt		gelitten ++
leihen (prestar)	er leiht	lieh		geliehen ++
lesen (leer)	er liest	las	läse	gelesen ++
liegen (estar echado)	er liegt	lag	läge	gelegen ++
lügen (mentir)	er lügt	log	löge	gelogen ++
mahlen (moler, triturar)	er mahlt	mahlte		gemahlt ++
meiden (evitar)	er meidet	mied		gemieden ++
melken (ordeñar)	er melkt	molk		gemolkt ++
messen (medir)	er misst	maß		gemessen ++
mögen (desear)	er mag	mochte	möchte	gemocht ++
müssen (deber)	er muss	müsste	müsste	gemusst ++
nehmen (tomar, coger)	er nimmt	nahm	nähme	genommen ++
nennen (nombrar, llamar)	er nennt	nannte		genannt ++
pfeifen (silbar)	er pfeift	pfiff		gepfiffen ++
preisen (elogiar)	er preist	er pries		gepriesen ++
quellen (brotar, manar)	er quillt	quoll		gequollen ##
raten (aconsejar)	er rät	riet	riete	geraten ++
reiben (frotar)	er reibt	rieb		gerieben ++
reißen (arrancar)	er reißt	riss	risse	gerissen ++ ##
reiten (cabalgar)	er reitet	ritt		geritten ## ++
rennen (correr)	er rennt	rannte		gerannt ##
riechen (oler)	er riecht	roch	röche	gerochen ++
ringen (torcer)	er ringt	rang		gerungen ++
rinnen (correr, fluir)	er rinnt	rann	ränne	geronnen ##
rufen (llamar a alguien)	er ruft	rief	riefe	gerufen ++
salzen (salar)	er salzt	salzte		gesalzen ++
saufen (beber sin desmedida, trincar)	er säuft	soff		gesoffen ++
saugen (chupar, mamar)	er saugt	sog saugte		gesogen gesaugt ++
schaffen (llevar, transportar)	er schaffte	schuf	schüfe	geschaffen ++
scheiden (separar, separarse)	er scheidet	schied		geschieden ## ++
scheinen (lucir, brillar)	er scheint	schien	geschienen ++	
schelten (reprender, regañar)	er schielt	schalt		gescholten ++
scheren (cortar)	er schert	schor		geschoren ++
schieben (empujar, mover hacia delante)	er schiebt	schob	schöbe	geschoben ++

Infinitivo	Presente	Imperfecto	Subjuntivo imperf.	Participio pasado
schießen (disparar, matar)	er schießt	schoss	schösse	geschossen ++
schinden (maltratar, torturar)	er schindet	schindete	schünde	geschunden ++
schlafen (dormir)	er schläft	schlief	schliefe	geschlafen ++
schlagen (pegar)	er schlägt	schlug	schlüge	geschlagen ++
schleichen (andar con cuidado)	er schleicht	schlich		geschlichen ##
schleifen (afilar, pulir)	er schleift	schliff		geschliffen ++
schleißen (consumir)	er schleißt	schliss		geschlissen ++
schließen (cerrar)	er schließt	schloss	schlösse	geschlossen ++
schlingen (engullir, zampar)	er schlingt	schlang		geschlungen ++
schmeißen (lanzar)	er schmeißt	schmiss		geschmissen ++
schmelzen (fundir, fundirse)	er schmilzt	schmolz	schmölze	geschmolzen ++##
schneiden (cortar)	er schneidet	schnitt		geschnitten ++
schreiben (escribir)	er schreibt	schrieb		geschrieben ++
schreien (gritar)	er schreit	schrie	schriebe	geschrieen ++
schreiten (caminar)	er schreitet	schritt		geschritten ##
schweigen (callar, callarse)	er schweigt	schwieg		geschwiegen ++
schwellen (hincharse)	er schwillt	schwoll		geschwollen ##
(débil)	schwellte	geschwellt		
schwimmen (nadar)	er schwimmt	schwamm		geschwommen##++
schwinden (esfumarse)	er schwindet	schwand	schwände	geschwunden ##
schwingen (agitar)	er schwingt	schwang		geschwungen ++
schwören (jurar)	er schwört	schwor		geschworen ++
sehen (ver)	er sieht	sah	sähe	gesehen ++
sein (ser)	er ist (ich bin/du bist)	war	wäre	gewesen ##
senden (enviar)	er sendet	sandte		gesandt ++
	(sendete)	(gesendet)		
sieden (hervir)	er siedet	sott		gesotten ++
singen (cantar)	er singt	sang	sänge	gesungen ++
sinken (hundirse, caer)	er sinkt	sank	sänke	gesunken ##
sinnen (reflexionar)	er sinnt	sann		gesonnen++
sitzen (estar sentado)	er sitzt	saß	säße	gesessen ++##
sollen (deber)	er soll	sollte	sollte	gesollt ++
spalten (agrietar, dividir)	er spaltet	spaltete		gespalten ++
speien (escupir, vomitar)	er speit	spie		gespie(e)n ++
spinnen (hilar)	er spinnt	spann		gesponnen ++
sprechen (hablar)	er spricht	sprach	spräche	gesprochen ++
sprießen (germinar)	er sprießt	spross		gesprossen ##
springen (saltar)	er springt	sprang	spränge	gesprungen ##
stechen (pinchar)	er sticht	stach		gestochen ++
stehen (estar de pie)	er steht	stand	stände	gestanden ++
stehlen (robar)	er stiehlt	stahl		gestohlen ++
steigen (subir)	er steigt	stieg		gestiegen ##
sterben (morir)	er stirbt	starb		gestorben ##
stieben (dispersarse)	er stiebt	stob		gestoben ##
stinken (oler)	er stinkt	stank		gestunken ++
stoßen (empujar)	er stößt	stieß		gestoßen ++ ##
streichen (suprimir)	er streicht	strich		gestrichen ++##

Infinitivo	Presente	Imperfetto	Congiuntivo imperf.	Participio passato
streiten (disputar)	er streitet	stritt		gestritten ++
tragen (llevar)	er trägt	trug	trüge	getragen ++
treffen (encontrar)	er trifft	traf	träfe	getroffen ++
treiben (empujar)	er treibt	trieb		getrieben ++##
treten (andar)	er tritt	trat	träte	getreten ++##
trinken (beber)	er trinkt	trank	tränke	getrunken ++
tun (hacer)	er tut	tat	täte	getan ++
verbleichen (decolorar)	er verbleicht	verblich		verblichen ##
verderben (estropear)	er verdirbt	verdarb		verdorben ++##
verdrießen (irritar)	er verdrießt	verdross		verdrossen ++
vergessen (olvidar, olvidarse)	er vergisst	vergaß	vergäße	vergessen ++
verlieren (perder)	er verliert	verlor	verlöre	verloren ++
verschwinden (desaparecer)	er verschwindet	verschwand	verschwände	verschwunden ##
verzeihen (perdonar)	er verzeiht	verzieh		verziehen ++
wachsen (crecer)	er wächst	wuchs	wüchse	gewachsen ##
waschen (lavar)	er wäscht	wusch	wüsche	gewaschen ++
weben (tejer)	er webt	wob		gewoben ++
weichen (ceder)	er weicht	wich		gewichen ##
weisen (indicar, mostrar)	er weist	wies		gewiesen ++
wenden (girar, volver)	er wendet (wendete)	wandte (gewendet)		gewandt ++
werben (hacer publicidad)	er wirbt	warb		geworben ++
werden (nacer)	er wird	wurde	würde	geworden ##
werfen (tirar, echar)	er wirft	warf	würfe	geworfen ++
wiegen (pesar)	er wiegt	wog	wöge	gewogen ++
(también verbo débil)		wiegte		gewiegt ++
winden (rodear)	er windet	wand		gewunden ++
wissen (saber)	er weiß	wusste	wüsste	gewusst ++
wollen (querer)	er will	wollte	wollte	gewollt ++
wringen (apretar)	er wringt	wrang		gewrungen ++
(ver)zeihen (perdonar)	er verzeiht	verzieh		verziehen ++
ziehen (tirar)	er zieht	zog	zöge	gezogen ++ ##
zwingen (obligar)	er zwingt	zwang	zwänge	gezwungen ++

LISTADO ALFABÉTICO DE LOS VERBOS QUE EXIGEN UNA DETERMINADA PREPOSICIÓN

A

abbringen von (dat.)
disuadir de

(sich) abgeben mit (dat.)
tener trato con

abhalten von (dat.)
retener

abhängen von (dat.)
depender de

abkommen von (dat.)
divagar

abrechnen mit (dat.)
ajustar cuentas con

abreisen nach (dat.)
partir para

abweichen von (dat.)
apartarse de

achten auf (ac.)
respetar a

achtgeben auf (ac.)
estar atento a

(sich) in Acht nehmen vor (dat.)
estar atento a

Achtung haben vor (dat.)
tener respeto a

anfangen bei (dat.)
empezar de

anfangen mit (dat.)
comenzar por, con

ankommen auf (ac.)
llegar a

(sich) anlehnen an (ac.)
apoyarse en

(sich) anschließen an (ac.)
unirse a

ansehen für/als (ac.)
considerar

anspielen auf (ac.)
aludir a

anstiften zu (dat.)
inducir a

Anstoß nehmen an (ac.)
escandalizarse de

anstoßen an (dat.)
tropezar con

antworten auf (ac.)
responder a

arbeiten an (dat.)
trabajar en

(sich) ärgern über (ac.)
enfadarse con

auffordern zu (dat.)
invitar a

aufgehen in (dat.)
abrirse a

(sich) aufhalten bei (dat.)
entretenerse con

aufhören mit (dat.)
terminar de, con

aufklären über (ac.)
informar sobre

aufpassen auf (ac.)
poner atención a

(sich) ausgeben für (ac.)
hacerse pasar por

aussagen über (ac.)
afirmar, sostener

ausstatten mit (dat.)
proveerse de

(sich) auszeichnen vor (dat.)
distinguirse

(sich) auszeichnen in (dat.)
distinguirse por

B

(sich) bangen um (ac.)
estar pensando en

(sich) bedanken für (ac.)
dar las gracias por

bedecken mit (dat.)
recubrir de, con

bedrohen mit (dat.)
amenazar con

beehren mit (dat.)
tener el honor de

befördern zu (dat.)
promover a

befreien von (dat.)
librar de

(sich) begeben nach (dat.)
dirigirse a

(sich) begeistern an (dat.)
entusiasmarse por

(sich) begeistern für (ac.)
entusiasmarse por

(sich) begnügen mit (dat.)
conformarse con

beharren auf (dat.)
empeñarse en

beitragen zu (dat.)
contribuir a

(sich) bekümmern um (ac.)
entristecerse por

beladen mit (dat.)
cargar de

belasten mit (dat.)
cargar con

belästigen mit (dat.)
molestar con

(sich) belaufen auf (ac.)
ascender a

belehren über (ac.)
instruir sobre

belohnen für (ac.)
recompensar por

(sich) bemühen um (ac.)
esforzarse en

benachrichtigen von (dat.)
informar de

beneiden um (ac.)
envidiar por

berichten über (ac)/von (dat.)
informar sobre, de

(sich) berufen auf (ac.)
recurrir a

beruhen auf (dat.)
basarse en

beruhigen über (ac.)
calmar, tranquilizar

(sich) beschäftigen mit (dat.)
ocuparse en

(sich) beschränken auf (ac.)
limitarse a

beschützen vor (dat.)
proteger de

(sich) beschweren über (ac.)
quejarse de

(sich) besinnen auf (ac.)
acordarse de

bestehen auf (dat.)
insistir en

bestehen aus (dat.)
consistir en

bestimmen zu (dat.)
destinar a

bestrafen für (ac.)
castigar por

beten zu (dat.)
rezar a

betrügen um (ac.)
engañar a

betteln um (ac.)
mendigar

bewegen zu (dat.)
mover hacia

(sich) bewerben um (ac.)
solicitar

bitten um (ac.)
pedir, rogar

(jemanden um etwas) bringen (ac.)
hacer perder algo a alguien

(sich) brüsten mit (dat.)
presumir, alardear de

bürgen für (ac.)
ser fiador para

büßen für (ac.)
castigar por

D

danken für (ac.)
agradecer por

denken an (ac.)
pensar en

dienen zu (dat.)
servir a

dringen auf (ac.)
insistir en

dringen in (ac.)
penetrar en

E

eifern gegen (ac.)
ensañarse con

eifersüchtig sein auf (ac.)
estar celoso de

(sich) eignen zu (dat.)
servir para

(sich) ekeln vor (dat.)
tener asco a

eingehen auf (ac.)
acceder a, aceptar

einladen zu (dat.)
invitar a

einstehen für (ac.)
garantizar para

eintauschen für (ac.)
cambiar por

enden mit (dat.)
terminar con

enschädigen für (ac.)
compensar por

sich entrüsten über (ac.)
escandalizarse de

entscheiden für (ac.)
decidir por

sich entschließen für (ac.)
decidirse por

sich entschließen zu (dat.)
decidirse a

entspringen aus (dat.)
escapar de

entstehen aus (dat.)
surgir de

sich erbarmen über (ac.)
tener piedad de

erbleichen vor (dat.)
palidecer por

sich erfreuen an (dat.)
alegrarse

sich ergeben in (ac.)
arrojar a

erheben zu (dat.)
levantar, elevar

sich erholen von (dat.)
reponerse de, descansar

erinnern an (ac.)
recordar

(sich) erinnern an (ac.)
acordarse de

erkennen an (dat.)
reconocer a

erklären zu (dat.)
explicar, aclarar

sich erkundigen nach (dat.)
informarse de

ernennen zu (dat.)
nombrar a

erröten vor (dat.)
ponerse colorado

erröten über (ac.)
sonrojarse por

sich erschöpfen in (dat.)
cansarse

erschrecken vor (dat.)
asustarse de

erschrecken über (ac.)
asustarse de

ersetzen durch (ac.)
sustituir por

sich erstrecken über (ac.)
extenderse por

erwählen zu (dat.)
elegir a

erzählen von (dat.)
contar

F

flehen um (ac.)
suplicar para

folgen auf (ac.)
seguir a

forschen nach (dat.)
indagar sobre

fragen nach (dat.)
preguntar a

freien um (ac.)
pedir la mano de

sich freimachen von (dat.)
librarse de

freisprechen von (dat.)
absolver de

(sich) freuen an (dat.)
alegrarse de

(sich) freuen auf (ac.)
alegrarse de

sich freuen über (ac.)
alegrarse de

(sich) fügen in (ac.)
amoldarse a

füllen mit (dat.)
rellenar de

fürchten für (ac.)
tener miedo por

(sich) fürchten vor (dat.)
tener miedo de

G

gefallen finden an (dat.)
encontrar placer en

gefasst sein auf (ac.)
pretender

gehen nach (dat.)
ir a

gehören zu (dat.)
pertenecer a

geizen mit (dat.)
tacañear

gelangen an (ac.)
alcanzar

gelten für (ac.)
ser válido para

gespannt sein auf (ac.)
ser curioso

(sich) gewöhnen an (ac.)
habituarse a

glauben an (ac.)
creer en

(sich) grämen über (ac.)
enfadarse por

greifen nach (dat.)
agarrar, asir

grenzen an (ac.)
confinar a

H

haften an (dat.)
estar pegado a

haften für (ac.)
responder por

halten auf (ac.)
sujetar, tener

halten für (ac.)
considerar para, tener para

handeln mit (dat.)
comerciar con

sich handeln um (ac.)
tratarse de

handeln von (dat.)
tratar de

harren auf (ac.)
esperar con impaciencia

herrschen über (ac.)
dominar, reinar

hindern an (dat.)
impedir

hinweisen auf (ac.)
indicar

hoffen auf (ac.)
esperar en

hören auf (ac.)
escuchar, sentir

hören von (dat.)
sentir de

(sich) hüten vor (dat.)
preservarse

I

(sich) interessieren für (ac.)
interesarse por

(sich) irren in (dat.)
equivocarse en

(sich) irren um (ac.)
equivocarse en

K

kämpfen für (ac.)
luchar por

kämpfen gegen (ac.)
luchar contra

kämpfen mit (dat.)
luchar con

kämpfen um (ac.)
luchar para

klagen vor (dat.)
quejarse por

klagen über (ac.)
quejarse de

klopfen an (ac.)
llamar a

sich kümmern um (ac.)
cuidarse de

L

lachen über (ac.)
reírse de

lauern auf (ac.)
estar al acecho

leben von (dat.)
vivir de

leiden an (dat.)
padecer de

leiden unter (dat.)
sufrir de

liebäugeln mit (dat.)
acariciar la idea

es liegt an (dat.)
depender de

losen um (ac.)
echar a suertes

sich lossagen von (dat.)
romper con

sich lustig machen über (ac.)
reírse de

M

machen aus (dat.)
hacer de

machen zu (dat.)
hacer algo

mahnen an (ac.)
requerir, exigir

es mangelt an (dat.)
faltar de

sich messen mit (dat.)
medir con

N

nachdenken über (ac.)
meditar sobre

sich nähren von (dat.)
alimentarse de

naschen von (dat.)
picar (comer fuera de horas)

nötigen zu (dat.)
obligar a

nützen zu (dat.)
ser útil para

P

plagen mit (dat.)
molestar, torturar con

pochen auf (ac.)
insistir

R

(sich) rächen an (dat.)
vengarse de

raten zu (dat.)
aconsejar algo a alguien

rechnen auf (ac.)
contar con

reden mit (dat.)
hablar con, a

reden von (dat.)
hablar de

reichen zu (dat.)
bastar

retten vor (dat.)
salvar de

(sich) richten nach (dat.)
amoldarse a

riechen nach (dat.)
oler a

S

schädigen an (dat.)
dañar, pejudicar a

sich schämen über (ac.)
terner vergüenza de

scheitern an (dat.)
fracasar en

schimpfen über (ac.)
lamentarse de, echar pestes de

schmecken nach (dat.)
tener sabor a

schreiben an (ac.)
escribir a

schreiben über (ac.) von (dat.)
escribir de

schützen vor (dat.)
proteger de

schwitzen vor (dat.)
sudar

schwören bei (dat.)
jurar por

sich sehnen nach (dat.)
anhelar a

siegen über (ac.)
vencer a

sinnen auf (ac.)
reflexionar, meditar

sorgen für (ac.)
disponer de

sich sorgen um (ac.)
preocuparse de

spielen mit (dat.)
jugar con

spielen um (ac.)
jugar a

spotten über (ac.)
burlarse de

sprechen mit (dat.)
hablar con

sprechen über (ac.)
hablar sobre

sprechen von (dat.)
hablar de

stammen aus/von (dat.)
descender de

staunen über (ac.)
asombrarse de

sterben an (dat.)
morir de

sterben vor (dat.)
morir de

stimmen für (ac.)
votar contra alguien

stinken nach (dat.)
apestar a

stoßen auf (ac.)
comparar

strafen für (ac.)
castigar por

sich sträuben gegen (ac.)
oponerse a

streben nach (dat.)
aspirar a

sich streiten um (ac.)
discutir para

sich streiten über (ac.)
discutir sobre

suchen nach (dat.)
buscar a

T

(sich) täuschen in (dat.)
equivocarse en

teilnehmen an (dat.)
participar en

trachten nach (dat.)
aspirar a

trauern über (ac.)
llevar luto por

trauern um (ac.)
llevar luto por

träumen von (dat.)
soñar con

treffen auf (ac.)
encontrar en

trinken aus (dat.)
beber de

trösten über (ac.)
consolar(se)

U

(sich) üben in (dat.)
ejercitarse en

übersetzen aus (dat.)
traducir de

übertragen auf (ac.)
conferir a

übertreffen an (dat.)
superar en

überzeugen von (dat.)
convencer de

sich unterhalten über (ac.)
entretenerse en

urteilen nach (dat.)
juzgar a

urteilen über (ac.)
juzgar

V

verbergen vor (dat.)
esconder de

(sich) verbürgen für (ac.)
garantizar

vereinigen mit (dat.)
asociarse con

verfügen über (ac.)
disponer de

vergleichen mit (dat.)
comparar con

verhelfen zu (dat.)
ayudar a

verkaufen an (ac.)
vender a

verkehren mit (dat.)
frecuentar

verlangen nach (dat.)
desear, anhelar a

(sich) verlassen auf (ac.)
confiar en

sich verlieben in (ac.)
enamorarse de

vermitteln zwischen (dat.)
mediar entre

verpflichten zu (dat.)
obligar a

verschieben auf (ac.)
aplazar

versehen mit (dat.)
proveer de

(sich) verstehen auf (ac.)
entender(se)

verstehen unter (dat.)
entender

verteilen unter (dat.)
distribuir, repartir entre

(sich) vertiefen in (ac.)
sumergir(se) en

vertrauen auf (ac.)
fiarse de

vertrösten auf (ac.)
dar esperanza para

verurteilen zu (dat.)
ordenar a

(sich) verwandeln in (ac.)
cambiar a

verweilen bei (dat.)
vivir en

verweisen an (ac.)
remitir a

verweisen auf (ac.)
remitir a

(sich) verwenden für (ac.)
emplear(se) para

verzichten auf (ac.)
renunciar a

verzweifeln an (dat.)
desesperar

vorbeigehen an (dat.)
pasar delante de

(sich) vorbereiten auf (ac.)
preparar(se) para

(sich) vorsehen mit (dat.)
estar provisto de

W

(sich) wagen an (ac.)
arriesgar(se) a

wählen zu (dat.)
elegir a

warnen vor (dat.)
advertir de

warten auf (ac.)
esperar a

weinen über (ac.)
llorar

weinen um (ac.)
llorar

weinen vor (dat.)
llorar

(sich) wenden an (ac.)
volverse a, dirigirse a

werben um (ac.)
hacer conseguir

werden zu (dat.)
llegar a ser

wetten um (ac.)
apostar

wohnen bei (dat.)
habitar (en casa de)

sich wundern über (ac.)
asombrarse de

wüten gegen (ac.)
enfurecerse contra

Z

zählen auf (ac.)
contar con

zeugen für (ac.)
declarar como testigo a favor de

zielen nauf (ac.)
apuntar a

zittern vor (dat.)
temblar de

züchtigen für (ac.)
castigar por (daño corporal)

zürnen über (ac.)
estar enojado por

zurückgehen auf (ac.)
remontar

zweifeln an (dat.)
dudar de

zwingen zu (dat.)
obligar a

Nota:

Muchos sustantivos que proceden de estos verbos requieren las mismas preposiciones:

Sich fürchten vor
temer a

die Furcht vor
tener miedo de

zweifeln an
dudar de

der Zweifel an
la duda

zwingen zu
obligar a

der Zwang zu
la obligación de

GUÍA RÁPIDA

Activo **(Aktiv)**: modo activo del verbo.

Ich fahre mit dem Rad.	*Voy en bicicleta.*

Acusativo **(Akkusativ – Wenfall)**: 4.º caso de la declinación de los sustantivos.

Ich sehe den Vater.	*Veo al padre.*

Adjetivo **(Adjektiv)**: palabra que califica al sustantivo **(Eigenschaftswort)**.

grün, schön, gut	*verde, bello, bueno*

Adjetivo predicativo **(Prädikatsadjektiv)**: adjetivo calificativo que, empleado como predicado, permanece invariable (sin considerar el género y número del sustantivo al que se refiere).

Die Haare sind blond.	*Los cabellos son rubios.*

Adverbiales, indicaciones: en algunas oraciones, como en las temporales, algunos elementos pueden ser utilizados con valor adverbial.

Die Schule beginnt schon um 8 Uhr morgens.	*La escuela empieza a las 8 de la mañana.*

Adverbio **(Adverb/Umstandswort)**: invariable, en español se reconocen por la terminación en «-mente».

Sie laufen schnell.	*Ellos corren velozmente.*

Adverbio pronominal **(Pronominaladverb)**: cuando un pronombre demostrativo o interrogativo, que se refiere a una cosa, depende de una preposición, esta se antepone y se funde con el pronombre.

Woran denkst du?	*¿En qué piensas?*
Daran ist nicht zu zweifeln.	*De ello no se debe dudar.*

Aposición **(Beisatz)**: frase atributiva.

Frau Müller, unsere neue Nachbarin.	*La señora Müller, nuestra nueva vecina.*

Artículo: artículo determinado **(bestimmter Artikel)** – singular: (masculino) **der** (el), (femenino) **die** (la), (neutro) **das** – plural para los tres géneros: **die** (los/las);
artículo indeterminado **(unbestimmter Artikel)** – singular: (masculino) **ein** (uno), (femenino) **eine** (una), (neutro) **eines** - no existen los plurales.

Artículo partitivo **(Teilungsartikel):** no existe en alemán.

Wir kaufen Wein.	*Compramos vino.*

Atributo **(Beifügung)**: término con el que se determina en sintaxis al adjetivo o forma semejante. Según la posición, se distinguen:

— atributos a la izquierda, es decir, a la izquierda del sustantivo: adjetivos, participios, genitivo sajón;

Der kleine Garten	*El pequeño jardín*
Der am Wald gelegene Garten	*El jardín cercano al bosque*
Mutters Garten	*El jardín de la madre*

— atributos a la derecha del sustantivo.

Der Garten meiner Mutter	*El jardín de mi madre*
Der Garten am Waldrand	*El jardín de al lado del bosque*

Caso **(Kasus/Fall)**: nominativo **(Nominativ)**, genitivo **(Genitiv)**, dativo **(Dativ)**, acusativo **(Akkusativ)**.

Comparativo **(Komparativ)**: uno de los grados del adjetivo **(vergleichende Steigerungsform)**.

Mein Haus ist größer als deines.	*Mi casa en más grande que la tuya.*

Complemento adverbial: va unido al verbo; el significado completo del verbo viene dado por su propio significado y por la partícula adverbial. Generalmente, el adverbio se coloca en el último lugar de la oración.

wiederkommen *(regresar, volver)*

Ich komme gerne wieder.	*Yo quiero volver.*

Complemento directo e indirecto **(Akkusativ- und Dativobjekt)**:

— el primero se expresa con el caso acusativo;

Ich sehe den Monte Rosa.	*Yo veo el Monte Rosa.*

— el segundo, con el dativo.

Ich gebe dem Kind einen Apfel.	*Yo doy una manzana al niño.*

La palabra que está en dativo precede a la que está en acusativo; cuando el sustantivo es sustituido por un pronombre (el que está en acusativo o en dativo), debe colocarse junto al verbo conjugado.

Ich gebe ihn (acusativo) **dem Kind** (dativo).	*Se la doy al niño.*

Condicional: tiempo que con frecuencia se confunde con el imperfecto de subjuntivo; el condicional se construye con **würden + infinitivo**.

Ich würde zahlen, wenn ich Geld hätte.	*Te pagaría si tuviese dinero.*

Conjugaciones **(Konjugation - Beugung des Verbs)**: flexiones del verbo: **Ich bin** (yo soy), **du bist** (tú eres), **er ist** (él es), **wir sind** (nosotros somos), etc.

Conjunción **(Konjunktion - Bindewort)**: elemento de unión entre:

— dos oraciones principales (conjunciones coordinantes);

Ich kaufe ein und du machst gar nichts.	*Yo compro y tú no haces nada.*

— oraciones principales y subordinadas (conjunciones subordinantes).

Ich kaufte ein, da der Kühlschrank ganz leer war.
Compré porque el frigorífico estaba completamente vacío.

Consonante **(Konsonant /Mitlaut)**: **b**, **c**, **d**, **f**, **g**, etc.

Dativo **(Dativ/Wemfall)**: 3.er caso de la declinación de los sustantivos.

Ich gebe dem Kind ein Stück Kuchen.	*Doy un trozo de pastel al niño.*

Declinación **(Deklination)**: los cuatros casos de flexión del sustantivo: **Nominativ** (nominativo), **Genitiv** (genitivo), **Dativ** (dativo), **Akkusativ** (acusativo):

— masculino: **der** Vater (el padre) – **des** Vaters (del padre) – **dem** Vater (al padre) – **den** Vater (el padre);

— femenino: **die Mutter** (la madre) – **der Mutter** (de la madre) – **der Mutter** (a la madre) – **die Mutter** (la madre);

— neutro: **das Kind** (el niño) – **des Kindes** (del niño) – **dem Kind** (al niño) – **das Kind** (el niño).

Desinencia **(Endung):** – del **verbo**: **-e**, **-(e)st**, **-(e)t**, **-en**, **-(e)t**, **-en**;

Diéresis **(Umlaut)**: «endulzamiento» de las vocales: **a**, **o**, **u** en **ä**, **ö**, **ü**.

Diptongo **(Doppellaut)**: dos vocales se pronuncian en una sílaba: **au – eu – ei.**

Discurso directo:

Er fragte: «Wie lange bleibst du?»	*Preguntó: «¿Por cuánto tiempo te quedas?».*

Discurso indirecto:

Er sagte, er bliebe nur kurz.	*Dijo que se quedaba por poco.*

División de sílabas **(Silbentrennung):** parecida a la partición española: **ü-ber-le-gen** (reflejar); superada con la elaboración electrónica de los textos.

Femenino **(feminin/weiblich): die Frau** (la mujer).

Fusión: las preposiciones **in**, **an**, **bei**, **von**, **zu** se funden con el artículo. Sólo es posible con el artículo en dativo o acusativo singular, y más específicamente para el masculino y el neutro dativo —el femenino dativo sólo con **zu**—; y sólo con el artículo neutro en acusativo: (dat.) **am (an dem) Sonntag** (el domingo), **im (in dem) Haus** (en la casa, en casa), **zur (zu der) Schule** (a la escuela); (ac.) **ins (in das) Meer** (al, en el mar).

Futuro: puede ser:

— cierto, seguro **(die bestimmte Zukunft)**;

Morgen gehe ich zur Post.	*Mañana iré a correos.*

(Como se puede observar, se usa el presente en vez del futuro.)
— probable **(die vermutete Zukunft)**.

Wir werden uns wahrscheinlich bald wiedersehen.	*Probablemente, volveremos a vernos pronto.*

Futuro perfecto **(Futur II)**: tiempo compuesto.

Ihr werdet gehört haben.	*Te habrá oído.*

Futuro simple **(Futur I)**: tiempo compuesto en alemán.

Du wirst die Prüfung bestehen.	*Aprobarás el examen.*

Género: masculino **(maskulin/männlich)**, femenino **(feminin/weiblich)**, neutro **(neutrum/sächlich)**.

Genitivo **(Genitiv/Wesfall)**: 2.º caso de la declinación de los sustantivos. El genitivo también puede usarse como atributo **(Genitivattribut)**.

Das Haus meines Vaters	*La casa de mi padre*
Ich erinnere mich des guten Essens.	*Me acuerdo de la buena comida.*

sich erinnern an (acordarse) = verbo que rige complemento en genitivo.

Genitivo sajón: el genitivo atributivo precede al nombre, que en este caso pierde el artículo.

Italiens Haupstadt ist Rom.	*Roma es la capital de Italia.*

Imperativo **(Imperativ/Befehlsform):** modo de orden o de petición.

Sei still!	*¡Estate callado!*

Imperfecto **(Präteritum /Vergangenheit):** una de las formas del pasado.

Er arbeitete im Garten.	*Trabajaba en el jardín.*

Indicativo **(Indikativ):** modo verbal que expresa certeza, realidad.

Wir schreiben.	*Escribimos.*

Infinitivo **(Infinitiv)**: forma base del verbo, forma no personal (sin indicaciones de persona o número):
— infinitivo presente y pasado;

singen	*cantar*
gesungen haben	*haber cantado*

— infinitivo presente en pasiva;

gesungen werden	*ser cantado*

— infinitivo pasado en pasiva;

gesungen worden sein	*haber sido cantado*

— forma interrogativa: inversión;

Hast du Zeit?	*¿Tienes tiempo?*
Habt ihr viel getan?	*¿Tenéis que hacer mucho?*

con la negación.

Habt ihr nicht viel zu tun?	*¿No tenéis que hacer mucho?*

Inversión **(Inversion)**: la inversión del sujeto tiene lugar:
— en las oraciones interrogativas;
— en oraciones principales afirmativas cuando la frase empieza con un adverbio, cualquier complemento o una oración subordinada.

Gestern hatten wir schönes Wetter.	*Ayer tuvimos buen tiempo.*
Da es schon spät waren, gingen wir schnell nach Haus.	*Como ya era tarde, fuimos a casa rápidamente.*

Masculino, género **(maskulin/männlich)**:

der Schüler	*el estudiante*

Modo **(Aussageweise)**: indicativo **(Indikativ)**, subjuntivo **(Konjunktiv)**, imperativo **(Imperativ)**.

Negación **(Verneinung)**:

Wir kommen heute nicht.	*Hoy no vamos.*
Wir haben kein Geld.	*No tenemos dinero.*

Kein se usa cuando se niega un sustantivo sin artículo o con artículo indeterminado.

Neutro, género **(neutrum/sächlich)**:

das Kind	*el niño*

Nombre **(Substantiv/Nomen)**: sustantivo.

das Buch	*el libro*
der Lehrer	*el profesor*
die Bevölkerung	*la población*

Nominativo **(Nominativ/Werfall)**: 1.er caso de la declinación del sustantivo.

der Bauer	*el campesino*

Números cardinales **(Kardinalzahlen)**: **eins, zwei, drei** (uno, dos, tres).

Números ordinales **(Ordnungszahlen)**: **der erste, der zweite, der zwanzigste** (el primero, el segundo, el vigésimo).

Oración subordinada **(Nebensatz)**: frase incompleta, no es independiente. El verbo conjugado se coloca al final de la oración subordinada.

Er kennt mich gut, weil wir schon lange Freunde sind.
Me conoce bien porque somos amigos desde hace tiempo.

Oraciones con infinitivo **(Infinitivsatz)**: normalmente, el infinitivo es precedido por **zu** («to» en inglés).

Sie hatten keine Lust zu kommen. *Ellos no tenían ganas de venir.*

Oraciones de relativo **(Relativsatz)**:

— nominativo;

Kinder, die viel lachen, sind gesund. *Los niños que ríen mucho están sanos.*

— genitivo;

Der Mann, dessen Auto kaputt war, musste zur Werkstatt.
El hombre, cuyo coche estaba roto, debió ir andando a la oficina.

— dativo.

Man hat den Angeklagten, dem nichts vorzuwerfen war, freigesprochen.
Se ha soltado al acusado, al que no se ha podido imputar nada.

Oraciones finales **(Finalsatz)**: se pueden construir según los siguientes esquemas:

—oración introducida por **damit** (a fin de qué, porque);

Er lernt Sprachen, damit er ins Ausland gehen kann.
Estudia lenguas para poder ir por el extranjero.

— cuando el sujeto es el mismo, se prefiere, en la proposición subordinada, el infinitivo con **um ... zu**.

Er lernt Sprachen, um ins Ausland gehen zu können.
Estudia lenguas para poder ir por el extrangero.

Oraciones principales **(Hauptsatz)**: frase completa e independiente; el verbo se coloca en segundo lugar (posición fija).

Er studiert Architektur. *Él estudia arquitectura.*

Participio pasado **(Partizip Perfekt)**: **gearbeitet** (trabajado); **gefunden** (encontrado).

Participio presente **(Partizip Präsens)**: se forma añadiendo al infinitivo la desinencia **-d**: **lachend** (riendo), **weinend** (llorando); empleado como adjetivo atributivo, se declina.

Die abwesenden Aktionäre	*Los ausentes accionistas*

Con frecuencia se corresponde con el gerundio español.

Pasiva **(das Passiv)**: en la construcción pasiva, la acción es lo importante; quien realiza la acción no es el sujeto gramatical, sino el complemento agente.

Das Haus wird von mir gebaut.	*La casa es construida por mí.*

Sólo los verbos transitivos pueden pasarse a pasiva.

Ich kaufe eine Zeitung.	*Compro un periódico.*
Die Zeitung wird von mir gekauft.	*El periódico es comprado por mí.*

Los verbos intransitivos se pasan a pasiva sólo en el modo informal.

Gestern haben wir viel gelacht. **Gestern wurde viel gelacht.**	*Ayer reímos mucho.* *Ayer se rió mucho.*

Vorgangsspassiv (la acción se está llevando a cabo):

Das Haus wird von mir gebaut.	*La casa es construida por mí.*

Zustandspassiv (acción ya terminada):

Das Haus ist von mir gebaut.	*La casa está construida por mí.*

Plural (**Plural/Mehrzahl**):

Wir sind die eifrigsten Schülerinnen.	*Somos las estudiantes más esmeradas.*

Posesivo, pronombre y adjetivo **(Possessivpronomen/besitzanzeigendes Förwort)**: **mein**, **dein**, **sein**, **ihr**, **sein**, **unser**, **euer**, **ihr**, **Ihr** (mío, tuyo, suyo, suyo de ella, suyo neutro, nuestro, vuestro, suyo de ellos, suyo de ustedes):

— empleado como adjetivo atributivo (**Artikelpronomen**);

mein Haus	*mi casa*

— empleado como pronombre.

meines	*la mía*

Predicado **(Prädikat)**: viene representado por el verbo conjugado, el único elemento que en la oración principal tiene un lugar fijo, es decir, el segundo: **ich bleibe hier** (me quedo aquí); en las oraciones interrogativas, imperativas o exclamativas, el verbo ocupa el primer lugar.

Bleibst du noch hier?	*¿Todavía estás por aquí?*

Predicado nominal **(Prädikatsnominativ)**: para completar los verbos **sein** (ser) y **werden** (llegar a ser):

Er wird Arzt.	*Será médico.*
Der Mensch ist ein komisches Wesen.	*El hombre es un extraño ser.*

Prefijos **(Vorsilbe)**: partículas que sirven para formar sustantivos, adjetivos o verbos; con los verbos, las partículas pueden ser separables o inseparables.

weitergehen *(separable)*	*ir adelante*
Ich gehe weiter.	*Yo voy adelante.*
vergesssen *(inseparable)*	*olvidar(se)*
Ich vergesse euch bestimmt nie.	*No me olvido de vosotros nunca.*

Preposición **(Präposition/Verhältniswort)**: puede regir genitivo, dativo y acusativo.

***(gen.)* Trotz meiner Müdigkeit ging ich zu dem Fest.** *A pesar de mi cansancio, voy andando a la fiesta.*
***(dat.)* Wir gehen vor dem Essen spazieren.** *Vamos a pasear antes de comer.*
***(ac.)* Erinnert ihr euch an sein Versprechen?** *¿Os acordáis de su promesa?*

Presente **(Präsens/Gegenwart)**: **ich komme** (yo vengo), **du kommst** (tú vienes), **er kommt** (él viene), **wir kommen** (nosotros venimos), **ihr kommt** (vosotros venís), **sie kommen** (ellos vienen).

Pretérito perfecto **(Perfekt/Vorvergangenheit)**: **ich habe gearbeitet** (he trabajado); **ich habe gesprochen** (he hablado).

Pretérito pluscuamperfecto **(Plusquamperfekt)**: tiempo compuesto:

Sie hatten ihm geschrieben.	*Le habían escrito.*

Pronombre **(Pronomen/Fürwort)**: en alemán no hay diferencia entre pronombre y adjetivo pronominal. El adjetivo pronominal se convierte en **Artikelpronomen** cuando precede al sustantivo.

Ein gewisser Politiker ging uns auf die Nerven.	*Un verdadero político nos transmitía sus energías.*

Uso como pronombre:

Das ist mein Auto.	*Este es mi coche.*
Das ist meines.	*Este es el mío.*

Pronombre adverbial **(Pronominaladverb)**: unión de una preposición y un adverbio; sustituye a la 3.ª persona del pronombre personal (en acusativo o en dativo) para indicar objetos.

Ich warte auf das Paket.	*Yo espero el paquete.*
Ich warte darauf.	*Lo espero.*

Pronombre indefinido **(Indefinitivpronomen /unbestimmtes Fürwort)**: indica personas o cosas indefinidas.

Jemand hat mich gestoßen.	*Alguien me ha empujado.*
Manche Dinge sind überflüssig.	*Algunas cosas son inútiles.*

Pronombre personal **(Personalpronomen)**: **ich**, **du**, **er**, **sie**, **es**, **wir**, **ihr**, **sie**, **Sie** (yo, tú, él, ella, nosotros, vosotros, ellos, usted, ustedes).

Ich bleibe nur kurz.	*Me quedo sólo un poco.*
Wir hatten kein Glück.	*No tenemos ninguna fortuna.*
Wir haben ihn verspottet.	*Nos hemos burlado de él.*

Pronombre reflexivo **(Reflexivpronomen/rückbezügliches Fürwort)**: siempre unido a un verbo:

Ich erinnere mich.	*Me acuerdo.*

Pronombre relativo **(Relativpronomen /das bezügliche Fürwort)**: **der Chef, der**... (el jefe que...), **die Angestellte, die**... (la empleada que...), **das Konzert, das**... (el concierto que...).

Se omite **zu** cuando el infinitivo depende de un verbo modal o de otro verbo como **fühlen** (sentir), **hören** (oír), **gehen** (ir), **kommen** (venir), etc.:

Ich hörte ihn nicht kommen.	*No le oí venir.*
Wir gehen einkaufen.	*Vamos a comprar.*

Puntuación **(Interpunktion /Zeichensetzung)**: las normas que rigen el uso de la puntuación fueron modificadas en la reforma ortográfica de 1996.

Raíz **(der Stamm)**: parte central del verbo: **geb-en** (dar), **geb** = raíz, **en** = la desinencia **(Endung)**.

Singular **(Singular/Einzahl)**:

Ich bin die eifrigste Schülerin.	*Soy la estudiante más esmerada.*

Subjuntivo **(Konjunktiv)**: modo verbal que expresa una posibilidad, un deseo, una esperanza.
Presente:

Gott sei gelobt!	*¡Alabado sea Dios!*

El imperfecto de subjuntivo se emplea para expresar el discurso indirecto:

Sie erwähnte, sie hätte keine Kinder.	*Indicó que ella no podía tener hijos.*

Sujeto **(Subjekt)**: parte de la oración que está en caso nominativo; (responde a la pregunta: **wer oder was?** (¿quién o qué?).

Der Vater hat nie Zeit.	*El padre no tiene tiempo.*
Er hat nie Zeit.	*Él no tiene tiempo.*

Superlativo **(Superlativ)**: expresión máxima de la gradación de un adjetivo:

— como atributo;

Der längste Fluss der Welt.	*El río más largo del mundo.*

— como adverbio.

Im Dezember sind die Tage am kürzesten.	*En diciembre, los días son muy cortos.*

Sustantivo **(Substantiv /Hauptwort)**:

die Wohnung	*la casa, la vivienda*

Todos los sustantivos deben escribirse con mayúscula inicial: **Haus** (casa), **Schule** (escuela).

Sustantivos compuestos **(zusammengesetzte Wörter)**: la palabra fundamental se encuentra en la última posición.

Der Schlafwagenschaffner	*El revisor del vagón cama*

Tiempo **(Zeit)**: los tiempos de un verbo son:

— simples: presente de indicativo **(Indikativ Präsens)**, imperfecto de indicativo **(Indikativ Präteritum)**, presente de subjuntivo **(Konjunktiv I)** e imperfecto de subjuntivo **(Konjunktiv II)**: **er liest** (él lee); **er las** (él leía), **er lese** (que lea); **er läse** (que leyera);

— compuestos: pretérito perfecto de indicativo **(Indikativ Perfekt)**, pretérito pluscuamperfecto de indicativo **(Indikativ Plusquamprfekt)**, futuro perfecto **(Futur II)**: **wir haben gegessen** (hemos comido, comimos); **wir hatten gegessen** (habíamos comido), **wir werden gegessen haben** (habremos comido). En alemán, el futuro simple también es un tiempo compuesto: **ich werde anrufen** (telefonearé).

Verbo **(Verb/Zeit- oder Tätigkeitswort)**: empleado como infinitivo: <u>essen</u> (comer) y conjugado: **ich** <u>esse</u> (yo como), **du** <u>isst</u> (tú comes), **er isst** (él come), **wir** <u>essen</u> (nosotros comemos), **ihr** <u>esst</u> (vosotros coméis), **sie** <u>essen</u> (ellos comen).

Verbo conjugado **(finites Verb)**:

Sie <u>schrieben</u> nur ein kurzes Fax.	*Escriben sólo un pequeño fax.*

Verbos auxiliares **(Hilfsverben)**: <u>sein</u> (ser), <u>haben</u> (haber), <u>werden</u> (llegar a ser):

Ich <u>bin</u> gestern angekommen.	*Llegué ayer.*
Ihr <u>habt</u> euer Gepäck vergessen.	*Os habéis olvidado de vuestro equipaje.*
Sie <u>werden</u> morgen ankommen.	*Llegaremos mañana.*

Verbos compuestos: véanse «verbos inseparables» y «verbos separables».

Verbos débiles **(schwache Verben)**: los verbos débiles forman el imperfecto introduciendo entre la raíz verbal y la desinencia una **-t**; la 3.ª persona del singular no termina en **-t**, sino en **-e**: **er mach<u>te</u>** (él hacía). Las desinencias son: **-te, test, te, ten, tet, ten**: **ich mach<u>te</u>, du mach<u>test</u>, er mach<u>te</u>, wir mach<u>ten</u>, ihr mach<u>tet</u>, sie mach<u>ten</u>** (yo hacía...); cuando la raíz verbal termina en **-d, -t** se añade una **-e** eufónica entre la raíz y la **-t** del imperfecto: **ich begleit<u>e</u>te** (yo acompañaba).

Verbos fuertes **(starke Verben)**: modifican la vocal temática en el pretérito imperfecto **(Präteritum)** y en el participio pasado **(Partizip Perfekt)** y alguna vez también en la 2.ª y 3.ª personas del presente de indicativo e impertecto de subjuntivo.
Sprechen, sprach, gesprochen (hablar, hablaba/hablé, hablado) – **ich spreche, du spr<u>i</u>chst, er spr<u>i</u>cht** (yo hablo, tú hablas, él habla); **ich spr<u>a</u>ch** (yo hablaba/hablé), **du spr<u>achst</u>** (tú hablabas), **er spr<u>a</u>ch** (él hablaba); **wenn er nur spr<u>ä</u>che!** (¡si sólo hablase!).

Verbos impersonales **(unpersönliche Verben)**: en alemán, tienen sólo la 3.ª persona del singular: **es regnet** (llueve), **es schneit** (nieva); **es tut mir leid** (me desagrada); **wie geht es dir?** (¿cómo estás?).

Verbos inseparables **(untrennbare Verben)**: precedidos de un prefijo que forma un conjunto con el verbo; el prefijo no lleva acento tónico.

Wir entscheiden nichts.	*No decidimos nada.*

Verbos intransitivos **(intransitive Verben)**: expresan una acción sin complemento directo; sólo poseen la construcción activa.

Ich laufe rasch zum Bäcker.	*Corro rápido al panadero.*

Verbos mixtos **(gemischte Verben)**: modifican la vocal temática en el pretérito imperfecto **(Präteritum)** y en el participio pasado **(Partizip Perfekt)**, manteniendo la desinencia de los verbos débiles: **bringen**, **brachte**, **gebracht** (llevar, llevaba, llevado); **ich brachte**, **du brachtest**, **er brachte**, **wir brachten**, **ihr brachtet**, **sie brachten** (llevaba/llevé, etc).

Verbos modales **(Modalverben)**: indican la modalidad de la acción; también se pueden emplear de forma autónoma: **dürfen** (poder en el sentido de permiso), **können** (poder, ser capaz de), **mögen** (querer, desear) **müssen** (deber, ser necesario), **sollen** (deber en el sentido moral), **wollen** (querer).

Sie wollen heute abreisen.	*Quieren partir hoy.*
Sie mögen kein Fleisch.	*No quieren carne.*

Verbos reflexivos **(Reflexivverben)**: el pronombre reflexivo se coloca después del verbo conjugado: **ich erinnere mich** (me acuerdo); los tiempos compuestos se forman con el auxiliar **haben** (haber).

Ich habe mich an ihn erinnert.	*Me he acordado de él.*

Verbos reflexivos recíprocos (se necesitan al menos dos personas): **wir lieben uns** (nos queremos), **wir lieben einander** (nos queremos el uno al otro).

Verbos separables **(trennbare Verben)**: verbos precedidos de un prefijo que en algún caso se desprende del verbo y se pone al final de la proposición; el acento tónico recae sobre el prefijo.

aufstehen (levantarse). **Heute stehe ich nicht auf.**	*Hoy no me levanto.*

Verbos transitivos **(transitive Verben)**: expresan una acción realizada por un sujeto.

Ich kaufe ein Buch.	*Yo compro un libro.*

Pueden tener la construcción pasiva.

Das Buch wird von mir gekauft.	*El libro es comprado por mí.*

Vocales **(der Vokal – Selbstlaut)**: **a, e, i (ie), o, u**.
Véase Diéresis **(Umlaut)**.

ÍNDICE

INTRODUCCIÓN 3

PARTE I

UNIDAD 1: ALGUNAS INDICACIONES SOBRE LA PRONUNCIACIÓN 6
Consonantes 6
Vocales 8
Diptongos 9
Las letras dobles en alemán 9
Sílabas tónicas 9

UNIDAD 2: OTRAS REGLAS DE ESCRITURA 10
Las mayúsculas 10
División silábica de palabras 10
El sustantivo y el artículo 10
— El género del sustantivo 10
— La declinación del artículo 12
— Algunas particularidades de los artículos 14
Declinación del sustantivo 15
— Declinación débil 16
— Declinación fuerte 16
— Declinación mixta 18
Reglas de orientación 20
Las palabras compuestas 22

PARTE II

UNIDAD 3: ADJETIVOS, PRONOMBRES Y ADVERBIOS 24
Declinación débil del adjetivo 25

Declinación mixta del adjetivo 26
Declinación fuerte del adjetivo 26
— Particularidades de los adjetivos 27
Adjetivos compuestos 28
Los grados del adjetivo 28
— El grado comparativo 28
— El grado superlativo 29
Los pronombres personales 32
Los adverbios pronominales (1) 33
Los adjetivos posesivos 35
Los pronombres posesivos 37
Los adjetivos demostrativos 38
— Declinación de los adjetivos demostrativos 38
Los pronombres demostrativos 38
Los adjetivos y los pronombres interrogativos y la inversión del sujeto . . 40
— Declinación del pronombre interrogativo wer 40
Los adverbios pronominales (2) 41
Los adjetivos indefinidos 43
Los pronombres indefinidos 44
Los pronombres relativos 46
Los pronombres reflexivos 48
Los números 49
— Los números cardinales 49
— Los números ordinales 50
Las fracciones 50
El tiempo/la fecha 51
— Die Tage (los días) 51
— Die Monate (los meses) 51
— Das Jahr (el año) 51
— Die Jahreszeiten (las estaciones) 52
— El complemento de tiempo 52
— La hora 53
— La fecha 53

UNIDAD 4: EL VERBO 54
Los verbos débiles 55
— Presente de indicativo de los verbos débiles 55
Los verbos fuertes 56
— Presente de indicativo de los verbos fuertes 56
Los verbos mixtos 57
— Presente de indicativo de los verbos mixtos 57
Los verbos auxiliares 57

El verbo sein (ser) 58
— Indicativo (Indikativ) 58
— Imperativo (Imperativ) 59
— Infinitivo (Infinitiv) 60
— Subjuntivo (Konjunktiv) 60
— Participio (Partizip) 61
El verbo haben (haber) 61
— Indicativo (Indikativ) 61
— Imperativo (Imperativ) 63
— Infinitivo (Infinitiv) 63
— Subjuntivo (Konjunktiv) 63
— Participio (Partizip) 64
El verbo werden 65
— Indicativo (Indikativ) 65
— Imperativo (Imperativ) 66
— Infinitivo (Infinitiv) 66
— Subjuntivo (Konjunktiv) 66
— Participio (Partizip) 67
Los tiempos 67
Los modos y los tiempos que más se diferencian del español 69
— El imperfecto de subjuntivo o condicional (Konjunktiv II) 69
— El imperativo 71
Conjugaciones de los verbos 73
— El verbo débil machen (hacer) 73
— El verbo fuerte gehen (ir) 76
Los verbos modales 79
— El verbo dürfen (poder, tener permiso) 80
— El verbo können (poder, ser capaz de) 83
— El verbo müssen (deber) 85
— El verbo sollen (deber) 87
— El verbo wollen (querer) 89
— El verbo mögen (querer, desear algo) 91
Los verbos separables e inseparables 93
— Los verbos inseparables 93
— Los verbos separables 96
— Verbos unas veces separables, otras inseparables 99
La pasiva 100
— Construcción de la pasiva (Passiv) 101
El discurso indirecto 105
Los verbos impersonales 106
Los verbos reflexivos (Reflexivverben) 107

UNIDAD 5: LAS PREPOSICIONES 110
Preposiciones que rigen genitivo 110
Preposiciones que rigen dativo 111
Preposiciones que rigen acusativo 115
Preposiciones que rigen bien acusativo bien dativo 116
La fusión del artículo con la preposición 121
Los verbos y las preposiciones 122

UNIDAD 6: LAS CONJUNCIONES 129
Conjunciones coordinantes 130
— Conjunciones coordinantes sin inversión 130
— Conjunciones coordinantes con inversión 130
Conjunciones subordinantes 131

PARTE III

UNIDAD 7: LA SINTAXIS 134
El sujeto 135
El predicado (Prädikat) 136
El atributo 138
La posición del complemento directo e indirecto 138
El gerundio y el participio presente 139
La negación nicht 140
El genitivo sajón 142
Proposiciones principales y subordinadas 142
Oraciones de relativo 147
Proposiciones con infinitivo y con zu 150
Proposiciones finales con damit y um ... zu 152

UNIDAD 8: LA PUNTUACIÓN 154

APÉNDICE

PRÉSTAMOS Y PALABRAS EXTRANJERAS EN ALEMÁN 158

LA LENGUA LITERARIA, LA LENGUA HABLADA Y LOS DIALECTOS 160

TABLA DE LOS VERBOS FUERTES Y MIXTOS EN ORDEN ALFABÉTICO 161

LISTADO ALFABÉTICO DE LOS VERBOS QUE RIGEN UNA DETERMINADA PREPOSICIÓN 167

GUÍA RÁPIDA 173

www.ingramcontent.com/pod-product-compliance
Lightning Source LLC
Chambersburg PA
CBHW070330090426
42733CB00012B/2431

* 9 7 8 1 6 3 9 1 9 2 4 5 8 *